SVEGOT

December 2019

- Perspektiv från det fria Sverige

Svegot, Decemberr 2019

Tryckt i Storbritannien.

ISBN 978-91-984410-0-0

www.svegot.se
www.detfriasverige.se

SVEGOT

December 2019

Skribenter:

Jalle Horn
Magnus Söderman
Dan Eriksson
Daniel Frändelöv
Eva-Marie Olsson
Johan Svensson
Kristoffer Hugin
Olov Andersson
Henrik Hanell

Inledning

Den gnistrande snön jag berättade om i inledningen till novemberutgåvan försvann lika snabbt som den dök upp. Sedan dess har det varit grått, mulet och tråkigt väder. Ömsom kallt, ömsom varmt har det också varit. Kanske kommer vintern i januari-februari, så brukar det vara och jag luras varje gång det där första snöfallet kommer i november-december. Den kommer när den kommer och det är inget jag – eller någon annan – kan påverka det minsta. På tal om det, i denna utgåva finns en text av Kristoffer Hugin med som handlar om stoicism, en livsinställning som är väl värd att anamma tycker jag.

Hugin var ny skribent i förra utgåvan och i föreliggande får vi ta del av ytterliga två nygamla skribenters alster. Dels är Passningens Henrik Hanell med på ett hörn, samt en Olov Andersson som det varit tyst från ganska länge. De bidrar med varsin text denna gång och jag hoppas vi kommer få läsa mycket mer av dem framöver.

Jag tänker inte försöka mig på att sammanfatta året som gått, eller för den delen årtiondet som avslutas sista december. Det är en övermäktig uppgift. Medan jag skriver sneglar jag på mitt twitterflöde; Carl Bildt har tydligen skrivit om 10-talet och han menar att det under detta decennium blev ett skifte "från ordning till oreda". Det är underligt att man kan se så olika på saker och ting. Oredan har vi haft länge och den har accelererat, förvisso gör den det fortfarande. Men nu ser jag långt fler ljusglimtar än tidigare. Men visst, jag och Bildt har två helt olika förhoppningar om framtiden.

Nyårsafton är ingen magisk dag. Första januari är inte heller den speciell – i alla fall inte mer speciell än man gör den. Däremot finns den där känslan av nystart inom mig. Varje årsskifte är det likadant och även om jag inte längre avger nyårslöften så känns det lite som att tolvslaget är en reningsrit. Till skillnad från många andra dricker jag heller inte, vilket gör att jag vaknar upp ganska utvilad och ofta på gott humör. Framförallt är jag på gott humör eftersom jag vet att helgerna är över och saker och ting (postgång, bankdagar och ledighet) blir normalt igen.

Jag kan inte utlova några större förändringar inför 2020 när det gäller Svegot. Snarare kommer vi fokusera på att få allt att gå på som det ska. Det tveeggade svärd som Svegot är, med radio och hemsidan (samt boken så klart) ska slipas och svingas för Det fria Sveriges räkning. Vi har en riktigt bra grund att stå på nu med duktiga medarbetare i ryggen. Bäst hade så klart varit om vi blivit obsoleta under 2020 – att vi helt enkelt inte behövdes – men så kommer inte att ske.

När vi lämnar 2019 kan vi vara säkra på att samhällsutvecklingen kommer fortsätta som vi sett under senare tid. Men vi kan också vara säkra på att vår opposition kommer vinna nya segrar. Vad som än händer kan du vara säker på en sak. Vi kommer finnas där, varje dag, på ett eller annat sätt och sätta saker och ting i perspektiv. Vi kommer fortsätta erbjuda dig analyser, fördjupningar och kommentarer utifrån ett nationalistiskt perspektiv. Vi kommer vara det fria Sveriges röst och göra allt som står i vår makt för att vara ett slagkraftigt vapen i oppositionens arsenal.

Det kan få vara mitt nyårslöfte.

DANIEL FRÄNDELÖV
2 december 2019

Narvalsbeten – en symbol för folkets försvarsförmåga

En polack, en bete, en brandsläckare, en rejäl portion mod och hopp och inspiration. Det är en kombination som är riktigt inspirerande. För det som hände på London bridge i fredags är ett tydligt bevis på att folket har både viljan och möjligheten att försvara sig själv, nu när staten så tydligt visar att den varken vill eller kan.

Det är inte ofta man känner glädje efter ett terrordåd. Ibland kan man känna lättnad när terroristen helt misslyckas med sitt dåd och inte lyckas skada någon, men lättnad är inte samma som glädje.

Glädje känner jag faktiskt efter det som hände i London i fredags. Givetvis även sorg och ilska, med tanke på de personer som fick sätta livet till eller blev skadade. De är ytterligare offer för ett människofientligt samhällsexperiment. Varje offer innebär mer blod på politikernas händer. Vi glömmer inte. Vi förlåter inte.

Glädje är kanske inte riktigt rätt ord. Men en känsla av hopp, och viss stolthet, infinner sig när man läser och ser vad det vad som hände där i London i fredags.

Usman Khan, 28 år gammal pakistanier och redan dömd för terror en gång, beväpnade sig med två knivar och satte på sig en väst som skulle likna en självmordsväst. Sedan började han hugga vilt omkring sig. Han lyckas döda två personer, och skada tre. Khan dömdes till åtta års fängelse 2012. Han var inblandad i planeringen av ett terrordåd med mål att spränga Londonbörsen, den amerikanska ambassaden samt att mörda Boris Johnson.

Han släpptes tidigare ur fängelset och fick istället avtjäna resten av straffet med fotboja. En fotboja han hade på sig när han mördade oskyldiga människor på London bridge.

Han dödade två men det hade kunnat bli betydligt fler. En galen man med knivar är farlig. Oerhört farlig.

Att han var farlig var dock inget som Lukasz tänkte på. Lukasz, en polack, arbetade i närheten av London bridge och när han såg vad som höll på att hända slet han ned en narvalsbete(!) från väggen. Det var en väggdekoration men skulle visa sig vara ett utmärkt vapen för att få stopp på vansinniga islamister.

Tillsammans med en man beväpnad med en brandsläckare gick de genast till attack. Två knivar mot en brandsläckare och en narvalsbete.

När narvalen själv använder sin bete är det för att samla in information om vattnet den rör sig i. Beten innehåller miljontals nerver och är, till skillnad från vad många tror, inte ett vapen. Det är ett känselorgan. Det är även ett kommunikationsverktyg, eftersom forskare tror att narvalar som gnider sina betar mot varandra gör detta för att utbyta information om de vatten de har färdats i. Man har även sett att narvalen använder den för att klippa till torsk, för att lättare kunna fånga dem.

En praktisk sak, med andra ord. Även för att peta hål på terroristplaner.

Lukasz och hans kompanjon lyckades stoppa Usman Khan. De brottade helt enkelt ned honom och väntade på polisen. När polisen väl var på plats satte man några välriktade skott i Khan och bragde honom om livet. Risken för återfall i brottslig verksamhet får därmed anses vara minimal.

Hoppet och stoltheten kommer givetvis från Lukasz och brandsläckarmannens agerande. De såg en attack och gick själva till attack. Hårt och resolut. Utan tanke på sin egen säkerhet. Och det var effektivt. Så som det nästan alltid är.

För det spelar liten roll hur terroristen eller terroristerna är beväpnade. Om folkmassan de hotar går till anfall är det inte mycket de kan göra. Visst – de kan skjuta några – hugga några – spränga några. Men till slut blir de övermannade och förhoppningsvis rejält misshandlade.

Vi vet att samhället inte kan skydda oss från terrorattacker. Vi har sett det gång på gång på gång. Därför måste vi skydda oss själva. Det handlar mer om en mental inställning än om kampsportsträning, även om det ena givetvis inte utesluter det andra. Lukasz och hans kompanjon hade den rätta mentala inställningen. De gick blixtsnabbt från tanke till handling. De blev hjältar på kuppen. Och de var faktiskt inte ensamma. Flera personer ur allmänheten hjälpte till att få stopp på terroristen.

Kanske beror det på att londonborna varit så pass utsatta för terrordåd. Kanske beror det på att de helt enkelt fått nog. Kanske var detta bara en lycklig slump, att just Lukasz var i närheten. Kanske är han en unikt modig individ?

Även om så är fallet så inspirerar hans hjältedåd fler att göra detsamma. För folket har förmågan att försvara sig, så fort folket förstår att det är det enda till buds stående medlet.

Just narvalsbeten gör givetvis historien extra färgrik och har lett till mängder med rubriker över hela världen. Kanske kan en just en narvalsbete bli symbolen för när folket försvarar sig själva? När det var nog.

På riktigt.

MAGNUS SÖDERMAN
3 december 2019

Greta utan mask – klimatet var en rökridå

Många såg tidigt vad som fanns bakom masken på denna upphaussade "klimatrörelse" som tillskrivs Greta Thunberg och hennes skolstrejk. Men ännu fler begrep inget alls utan kastade sig in i en ny rörelse där man kunde signalera sin godhet. Tyvärr visar det sig att det hela inte var något annat än samma gamla vänsterextremism.

Kan tyckas var den bra dum som inte förstod vad det handlade om. När vänsterliberal massmedia; vänstervridna politiker; "filantroper" som George Soros och våldsvänstern (som utgör kärnan i Extinction Rebellion) gör gemensam sak så handlar det om ännu en enhetsfront – ett klassiskt modus operandi från de röda. Välj en sak som många kan hålla med om (bli uppskrämda av), piska upp stämningen med hjälp av den egna gammelmedian och se till så att finansiering sköts med hjälp av kapitalister och/eller skattemedel. Om och om igen är det samma sak som sker.

Klimatförändringarna passade som handen i handsken. Vem vill vara den som är "emot" klimatet? Frågan i sig är också såpass stor och besvärlig att man kan hänvisa till "forskare" och avsvära sig allt eget ansvar. "Forskarna säger…" och så var det med den saken. Om nämnda "forskare" visar sig "forska" om genus eller kritisk vithet så spelar det ingen roll.

Det måste också finnas en känsla av akut desperation när saken presenteras. Förut var det kärnkraften, eller kapprustningen, eller att rädda alla barn som flyr över Medelhavet. Denna gång drog man till med jordens undergång inom 10, 15, 20, 50 år.

För den som låter sig styras av "opinionen" och vill passa in (de flesta alltså) är det självklart att på ett eller annat sätt ryckas med. Kanske finns det ett visst mått av tvivel, men det är ju ändå "för en god sak". Det är också ett bra sätt att sparka igång lata ungdomar. Trots att tekniken gjort många unga passiva i det verkliga livet så är det fortfarande hos unga som vilja att göra uppror finns. Det är naturligt eftersom en del av processen i att bli vuxen innebär att "revoltera" och bryta sig loss från mamma och pappa och lära sig stå på egna ben. Detta är något de röda alltid varit duktiga på att cyniskt utnyttja.

Efter att effekterna av "flytkingkrisen" blev tydliga för alla hade man nått vägs ände för att samla en enhetsfront i frågan. Alltså var man tvungna att hitta på något nytt. Att plocka upp Greta Thunberg och paradera henne runt om i (väst)världen måste varit självklart. Här kan man dra sig till minnes Roosevelts ord om att inget i politiken händer av en slump. Exakt hur regisserat detta med Greta var från start får vi nog aldrig veta.

Så – fram med Greta och låt henne vara den unga rösten som vill rädda världen. Rörelsen sätter igång och med det enorma ekonomiska och massmediala stöd som kom var det hela en enkel sak. Och efter ett tag, när snöbollen är i rullning, så kan man bli mer öppenhjärtig och säga det man ville säga från första början. Masken faller till sist.

Det har den gjort i och med ett uttalande från Greta Thunberg, Luisa Neubauer och Angela Valenzuela. Flickorna berättar – i ett välformulerat uttalande – varför strejkerna ska fortsätta. Det är mycket av det gamla vanliga, men ett tillägg skrivs i klartext och läggs till i programmet. Man skriver:

"Aktionen måste vara kraftfull och bred. Trots allt handlar klimatkrisen inte bara om miljön. Det är en kris som omfattar mänskliga rättigheter, rättvisa och politisk vilja. Koloniala, rasistiska och patriarkala förtryckarsystem har skapat krisen, och fortätter att nära den. Vi måste bryta ner dem alla."

Så var det med den saken. Det är samma gamla revolutionära vänster med rop efter att bryta ner och bygga nytt. Hoten finns ständigt närvarande: "Vi kommer att göra allt som krävs för att få de politiska ledarna att ställa sig bakom vetenskapen..." och så vidare. Det är en revolution i väst man är ute efter – våldsam om så krävs. Sedan ska samhället omdanas efter de rödas vilja. För att rädda klimatet krävs diktatur; det krävs att staten tar över allt ägande; det krävs att individens frihet begränsas (så de inte kan skada andra); det krävs att barnen tas ifrån föräldrar som inte accepterar statens vishet.

Tro inte annat än att det är just detta man är ute efter.

Med detta i åtanke så kan vi inte se välvilligt på denna rörelse. Vi kan inte vara förstående eller hänsynsfulla. Vi måste vara tydliga med att detta är ett hot mot friheten – ja – mot mänskligheten. Inget gott kommer ur de rödas samhällsexperiment, bara fasor som inte går att beskriva. Om och om igen har vår jord plågats av

13

dessa gudlösa materialister. Det enda som kan hindra dem är en seriös och hårdför nationalism.

Precis som varje gång under historien kommer det krävas att frihetens träd vattnas av offren från nationalister. Vi är de fria folkens självförsvarsrörelse som tvingas formera sig när de röda går för långt. För långt går de alltid. När man företräder en idé utan verklighetsförankring, byggt kring defekta politiska program med tvingande kollektivism som fundament, så går man alltid för långt. Vi vet det och vi står redo att åter igen försvara våra familjer, vårt folk, vår nation och den tradition som väglett våra stammar genom historien.

EVA-MARIE OLSSON
2 december 2019

Vad ska Svenska kyrkan med 40 miljoner till?

När julen knackar på dörren vaknar alla insamlingsorganisationer till liv. Pengar behövs överallt och Svenska kyrkan ber om 40 miljoner för att ... ja, för att vad? Frågan är om de ens har en plan.

Vi vill så väl. Vi vill omfamna hela världen. Det har vi blivit lärda till och vuxit upp med. De lite äldre av oss minns säkert den där lilla papp-sparbössan med bild på utmärglade afrikanska barn som behövde vår hjälp. Jag kan däremot inte minnas att jag någonsin stoppade i några av mina ettöringar, tvåöringar, femöringar eller tioöringar i den.

Folk i främmande länder behöver hjälp till mat, kläder, mediciner, brunnar, hus, vägar, tandläkare, kirurger, föräldrar, träd, fabriker – antagligen också pengar till pengar. De behöver tydligen västerlänningar som ändrar om i deras kulturer och sedvänjor om man ska tro "goda" svenskar. Det finns en uppsjö av svenska välgörenhetsorganisationer, de maler på i samma hjulspår, samla pengar, skicka, samla pengar, skicka ... och ändå blir ingenting bättre. Har ni tänkt på det? Folk i andra länder behöver fortfarande hjälp till mat, brunnar, kläder, mediciner, hus, vägar, tandläkare, kirurger, föräldrar, träd, fabriker, pengar. Men, behöver de västerlänningar som ändrar om i deras kulturer och sedvänjor?

Så här i juletider och julmånad ända till "Knut kör julen ut" har svenska kyrkan insamling av pengar, pengar som ska användas till arbete med målet att motverka att flickor i andra länder far illa. 40 miljoner kronor har de som mål att samla in. Om du och din familj går på någon av kyrkans konserter och mässor nu i juletid så kommer ni att uppmanas att ge, pengar "till flickor som riskerar att giftas bort...".

Svenska kyrkan ska tillsammans med kristna församlingar i andra länder använda 40 svenska miljoner för att förhindra att flickor mot sin vilja gifts bort, eller på annat vis blir behandlade illa. Det finns i "vår Herres hage" så väldigt många kulturer och sedvänjor, andra länder långt bortom svenska gränser är inte som vi, där man gör så. För en del personer är det svårt att ta in.

En del av våra landsmän ser som sin mission att resa långt bort, för att ändra om, där. Det kommer inte att fungera, det kommer inte att gå. Vad är det som gör oss till bättre eller till och med bäst vetande? Det fanns en tid då missionen var familjeplanering och vaccination. Det fungerade väl sådär där. Och på tal om det, när hörde vi senast om familjeplanering av afrikaner som hjälp till självhjälp? Det var längesedan, det projektet är nedlagt.

Hur som, jag kan inte för allt smör i Småland förstå hur svenska kyrkan tänker i detta med de 40 miljonerna. Tror man att det med "futtiga" 40 miljoner svenska kronor går att ändra på folks kulturer? Är det ens tillrådligt? Om man mot förmodan skulle lyckas med att förhindra att några småflickor gifts bort mot sin vilja, vad gör man sedan då, finns det en plan?

Vad gör flickan, vilka alternativ finns det? Och kan någon svensk missionär garantera den flickans fortsatta säkerhet, trygghet och existens i hemlandet, eller är det "uppdraget avslutat" och man reser hem igen bara för att sätta tänderna i nästa räddningsprojekt. Samla pengar, samla pengar. Sedan har vi ju det där pinsamma med främmande fruktansvärda ohyggliga kulturyttringar som försiggår i, Sverige. Utländska flickor som gifts bort mot sin vilja, ser svenska kyrkan dessa eller ligger de på någon annans bord?

Och där satt jag i en liten helgpyntad kyrka på landsbygden och var som ett stort frågetecken. Eftersom det inte var läge just då och där att fråga prästen i hennes mellanspel mellan julmusiken om "flicka-projektet", så skrev jag till adress givarservice@svenskakyrkan.se för att om möjligt få svar på i alla fall något av det jag funderar över.

Hej!

Jag har några frågor till er angående detta års julinsamlande. Detta år handlar insamlingen om flickor, i fokus står alla flickors rätt till ett värdigt liv.

Hur rent praktiskt ska Svenska kyrkan arbeta runt om i hela världen mot att flickor tvingas gifta sig?

Alltså jag menar, hur gör ni?

40 miljoner kronor är ert mål med denna riktade insamling för att motverka förtryck och övergrepp på flickor, hur kommer dessa miljoner att användas?

Hur många anställda från svenska kyrkan tar del av dessa pengar för att resa i utsatta delar av världen där flickor far illa?

Skänker ni pengar vidare till andra länder som i sin kultur gifter bort barn, att motarbeta sin egen kultur?

Kommer ni att i olika länder runt om i världen mot ländernas kultur och lagstiftning "rädda" flickor från vad föräldrar bestämt för sin dotter/döttrar?

Och om ni lyckas att förhindra ett barngiftermål, hur går ni vidare från där? Följer ni upp så att flickorna ni eventuellt räddade får leva kvar och ha det bra hos mor och far?

Jag har många fler frågor men stannar här, och konstaterar samtidigt att mönstret går igen... det är inget nytt med hjälpverksamhet runt om i världen och ej heller något nytt ifall det inte kommer att fungera så som vi vill då alla inte är som vi.

Fast några frågor till, inte de sista men ack så viktiga. Hur agerar Svenska kyrkan på hemmaplan då vi genom mångkulturens inträde till vårt land även här i Sverige har flickor (och pojkar) som far illa och tvingas att giftas bort med någon man inte själv valt, och dessutom inte alls ovanligt att den tilltänkta maken/makan är en kusin från hemlandet? Arbetar svenska kyrkan aktivt mot detta inhemska flick-problem? Går del av målet 40 miljoner insamlade kronor även till kamp inom vårt land?

Det återstår att se om jag kommer få svar.

MAGNUS SÖDERMAN
4 december 2019

Tjuvpoliserna i AB Sverige hjälper till att riva samhällskontraktet

I Los Angeles, USA, har polisen som motto att "skydda och tjäna". Detta har sedan flera polismyndigheter i landet tagit till sig. I Sverige har polisen som vision göra "hela Sverige tryggt och säkert." Det går lite sisådär med det.

Självklart är det så att det i en stor organisation som polisen så kommer det alltid finnas rötägg. Oavsett hur bra förutsättningarna är så kommer det ske. Det går inte att helgardera sig. Det är okej och ingen kommer lasta polisen för det. Inte heller kommer medborgarna slå bakut om polisen inte lyckas fullt ut. Att brott inte klaras upp eller att förebyggande åtgärder går om intet är förståeligt. Det finns dock en hel del som totalt underminerar förtroendet för polisen och mycket av det ser vi idag.

Nyligen fick vi se och höra om hur poliser (inklusive minst en chef) i Göteborg metodiskt och under lång tid vittjar från beslag som gjorts. I en intern chattgrupp tingade de prylar de behövde. En tigersåg här, en mutterdragare där.

Det verkade vara helt oproblematiskt för dem och någon djupare upprördhet och de högsta cheferna verkar inte finnas heller: "Det verkar problematiskt" sa en. Polisprofessorn GW Persson var dock tydligare: "Klockren stöld" menade han och konstaterade att de skyldiga inte ska vara poliser.

Han har helt rätt. Vi måste nämligen kunna ställa högre krav på poliser än på "vanligt folk". Det är en grundläggande princip. Ska vi nu tillåta att medborgarna lägger ut polisarbetet på entreprenad till statliga myndigheter (och därmed frivilligt inskränker sina egna medborgerliga fri- och rättigheter) så ska standarden vara hög.

Poliserna ska vara lite bättre, lite starkare, lite modigare än gemene man. De ska också vara lite mer hårdhudade och har lite bättre självkontroll än oss andra. Därtill ska de vara laglydiga – helt och hållet laglydiga.

Om myndigheten finner att en eller flera konstaplar inte uppfyller dessa grundkrav så måste de bort. Förvisso kan misstag begås, fel i tjänsten. Men uppenbar brottslighet kan aldrig accepteras.

Detta betyder inte att personerna som figurerar i avslöjandet i Göteborg nödvändigtvis är ruttna äpplen. Förvisso ska man inte stjäla. Det lär vi oss som barn (förhoppningsvis) och det är objektivt korrekt. Å andra sidan tänker många: "varför inte"? Också poliser är människor och de om några ser hur det ser ut inom myndigheten och i AB Sverige i stort. Kanske är det ännu svårare för dem att vara laglydiga när de dagligen måste hantera politiskt tillsatta chefer som bakbinder dem; brottslingar som släpps ut fem minuter efter att celldörren låses och så vidare. Därtill är deras lön under all kritik och en tigersåg kostar en hel del.

Det som sker i Sverige är en generell moralisk degeneration hos befolkningen. Den moraliska kompassen är trasig. Det gäller också de människor som är poliser. De dras med av tidsandan på samma sätt som var och en av oss. Det finns ju också många sätt att bortförklara det man gör. Tigersågen togs av en skurk och ligger bara där och samlar damm. Visst, Kronofogden kommer till sist auktionera bort det hela för – en struntsumma – som kastas in i ett svart hål. Antagligen förtjänar polischefen som tar sågen den, kan man resonera i vart fall.

Det allvarliga är att polisen bidrar till att montera ner samhällskontraktet. Även om det generella förtroendet för polisen är högt så naggas det hela tiden i kanten. Att man knappt ser konstaplarna utanför fordonen är en orsaker; att de ser ut som någon sorts halvmilitärer är en annan; att de inte gör honnör och visar att de "tjänar" oss när man stoppas för körkortskontroll är en tredje. När de bjuder kriminella på korv och pizza ser vi rött och när de larvar sig i Prideparader slår vi oss för pannan. Sedan får vi läsa om hur de stjäl, glömmer pistoler på toaletten och beter sig som huliganer mot fotbollssupportrar.

Oavsett om det är ett fåtal som gör allt detta (vilket det är) så fungerar människan så att det är detta som märks. Och det är just av det skälet polisen måste vara extra vaksamma och extra hårda mot sig själva.

Det som sker är dock fullt logiskt med tanke på att hela samhället faktiskt (om än sakta) krackelerar. AB Sverige är inte sammanhållet så som den homogena nationalstaten Sverige var. AB Sverige kan aldrig bli det. Polisen – som idag alltmer blir AB Sveriges knektar – kan inte göra mycket åt det på egen hand – i alla fall inte utan att helt revoltera mot den politiska ledningen och politikerna som är ansvariga. Men varför skulle de?

En annan av polisens uppgifter är nämligen att "bidra till målet för kriminalpolitiken". Alltså: polisen styrs inte av objektivt giltiga principer (även om sådana finns där) utan av kriminalpolitikens mål. Det är regering och riksdag som bestämmer dessa. Om regering och riksdag var bra, med det uttalade målet att tillvarata och främja svenskarnas intressen och våra medborgerliga fri- och rättigheter, så hade situationen sett annorlunda ut. Så är det inte. Därför är polisen som myndighet en del av problemet, även om många poliser är bra på alla sätt och vis. Därför bidrar en tjuvpolis i hög grad till att riva samhällskontraktet i ännu mindre bitar.

EVA-MARIE OLSSON
4 december 2019

Det finns alltid något man kan göra

Det duger inte att låtsas att inget se, eller låtsas att inget förstå. När kaoset och våldsamheter är i full gång duger det inte att som statsminister Löfven hävda att "vi" har varit naiva vad beträffar den ökade våldsamma kriminaliteten.

Så vad kan man då göra när man själv ser något alldeles uppåt väggarna?

Man kan faktiskt göra en hel del, det första är att sluta svälja allt som serveras. Ifrågasätt! Om du inte är politiker utan endast en samhällsengagerad medborgare då ska du ta och kolla ifall det i din kommun går att lämna in ett medborgarförslag åt kommunfullmäktige att ta ställning till.

När ögonen väl har öppnats och perioden av nyvakenhet sedan länge är förbi då ser man de mest hårresande företeelser och orättvisor. Inte nog med att svenskar åsidosätt i sitt eget land då nykomlingar prioriteras av maktetablissemanget, utlänningar får helt fräckt gräddfil in på arbeten och arbetsplatser där de inte alls skulle fått lov att vara, om vi levat i ett sunt land.

Lagar, regler och bestämmelser gäller tyvärr inte alla, vi står inte lika när vi kontrolleras av storebror staten. Vi har nu i dagar förfasat oss över irakiern som får bidrag från svenska Försäkringskassan, fast han är utflyttad och arbetar som minister hemma i Irak. Fastän alla de fadäser som skett och sker inom statliga myndigheter och inom kommunala förvaltningar har svenska politiker och tjänstemän det dåliga omdömet att fortfarande kaxa upp sig och låtsas som ingenting.

Jag kommer här att ge er ett exempel som visar på omdömeslöshet och dubbla måttstockar. I detta exempel som jag kommer att ta upp handlar det om utdrag ur polisens belastningsregister, ifall alla presumtiva medarbetare och redan anställda fullt ut är skyldiga att lämna in utdraget eller det endast är en halvmesyr.

En närstående till mig har efter sjukdom ett trygghetslarm, ett trygghetslarm som regelbundet kontrolleras av hemtjänstpersonal. En dag knackade det på dörren och in i huset steg en hazarafghan. Varken för frun eller mannen i huset kändes detta ok. Vad vet man om afghanen, vem är han, vad har han gjort i sitt hemland, vilken människosyn har han…?

När man har trygghetslarm ska man kunna känna sig trygg, även i fråga om vem eller vilka som ska kontrollera larmet. Det blev till ett mejl från de drabbade adresserat till Vård och omsorgschef:

Igår, torsdagen den 31/10 var det rutinmässig kontroll av trygghetslarmet hemma hos oss. Personen som kom var en man, en hazar/afghan. Nu till min fråga, har denna person lämnat in utdrag från polisens belastningsregister, utdrag från Sverige, samt ifrån Afghanistan?

Svaret från förvaltningschefen lät inte dröja på sig:

Svar på er fråga.

Utdrag ur svenskt belastningsregister begärs vid alla anställningar av medarbetare till Individ- och omsorgsförvaltningen, således gäller det också den personal som utförde insatsen i ert hem.

Hälsningar.

Och med det svaret förstår man att äkta omsorg om det svenska folket inte heller finns ute i kommunerna. Personerna i exemplet lät sig inte nöjas, de svalde inte tjänstemannasvaret, ett nytt mejl sändes:

Hej!

Då ditt svar ger vid handen att fullgod personkontroll av utländsk medarbetare inte sker eller efterfrågas av Individ- och omsorgsförvaltningen ser vi oss nödgade att kontroll av vårt trygghetslarm utförs av oss själva. Och i detta på grund av att ett trygghetslarm ska i alla aspekter vara en trygghet.

Vänligen

Men mina funderingar och iakttagelser började långt tidigare med att jag såg nyanlända invandrare på skolor, förskolor samt inom äldreomsorg.

Det var då tanken slog mig … vad vet vi om dessa utlänningar, är någon av dessa kriminella eller kanske till och med mördare från Islamiska staten? Eftersom jag då inte var informerad om kommunens praxis vad beträffar noggrannheten med kontroll av dessa personer inför utplacering hos våra barn, äldre och sjuka. Så blev det till ett medborgarförslag med helt normala krav.

Använd om du vill gärna mitt förslag och mina krav till beslutsfattare i Din kommun. Vi är inte naiva. Vi måste ha ordning och reda, vi måste återskapa trygghet för vårt folk.

---

4 april 2019

Medborgarförslag

Alla medarbetare vid kommunen ska vara skyldiga att lämna utdrag ur polisens belastningsregister.

Bakgrund:

Att arbeta med vård, omsorg och utbildning inom Skurups kommun kräver av den tilltänkta arbetstagaren att denne lämnar in ett utdrag från polisens belastningsregister innan anställning, och det är bra.

På kommunens hemsida står att läsa " För att vi ska kunna anställa dig på Bemanningsenheten krävs det också att du har ett godkänt utdrag från polisens belastningsregister. Det beror på att verksamheterna där våra vikarier arbetar kräver det. Utdraget ska vara utan några registrerade domar och är giltigt i ett år. ..... "

Mitt förslag är:

* *Att: Utdrag från polisens belastningsregister ska gälla ALLA, även nyanlända utlänningar som på fler och fler kommunala arbetsplatser ses och befinner sig bland både barn och äldre.*
* *Att: Om de utländska personerna av praktiska skäl inte kan få ut något belastningsregister vid svensk polismyndighet, då kommer personen inte ifråga om att "praktisera" inom kommunens verksamheter*
* *Att: Den utländske nyanlände är tvingad att om punkt 2 inte infrias att istället från sitt hemland begära ut uppgifter att visa upp för kommunen som styrker att personen i fråga inte har gjort sig skyldig till kriminella handlingar.*

Eva-Marie Olsson

REDAKTIONEN
4 december 2019

Tjuvpoliserna i AB Sverige hjälper till att riva samhällskontraktet

Ulf Kristersson, partiledare för Moderaterna berättade via sin facebook-sida att han haft besök av Sverigedemokraternas partiledare Jimmie Åkesson för att diskutera samarbete i framtiden. Även om Kristersson påpekar att partierna tycker olika i många frågor, vill man gemensamt försöka driva igenom sådant man ser lika på.

Tidigare idag kunde vi se rubriker där Ulf Kristersson tillbakavisade påståendet att det skulle finnas ett konservativt block som inkluderade Sverigedemokraterna.

Så må vara fallet men Kristersson berättar nu att han haft ett möte i sitt kontor på riksdagen med ingen mindre än Jimmie Åkesson från Sverigedemokraterna, tillsammans med partiernas gruppledare i riksdagen. Detta för att "söka brett stöd i Sveriges riksdag för en bättre politik" istället för att vänta ända till nästa val 2022.

Det var främst invandringspolitik, kriminaliteten och energifrågor som diskuterades. Några exempel som Kristersson lyfter är möjligheten för livstidsstraff för gängrelaterade mord, slopad ungdomsrabatt och tillträdesförbud till butiker. Partierna hoppas även på att kunna driva riksdagen till en mer positiv syn på kärnkraft.

Angående invandringsfrågor så är Moderaterna eniga med Sverigedemokraterna att invandringen måste minska, istället för att öka som de mer röda partierna helst vill.

Kristersson låter hälsa att det var ett konstruktivt samtal och att man behandlar även meningsmotståndare som Sverigedemokraterna med respekt. Även Åkesson skrev om mötet och verkade mycket nöjd.

"Mötet var givande, konstruktivt och bådar gott inför framtida samarbeten i ett nytt politiskt landskap."

DANIEL FRÄNDELÖV
5 december 2019

Kan någon tycka att mångkulturen är värt det?

Med tanke på hur många som har offrats i det experiment som kallas "mång-kultur" kan man undra om det fortfarande finns människor i vårt land som tycker att dessa offer är värt det? Och kommer dessa människor någonsin känna att det finns en gräns för hur många liv som måste förstöras innan det blir för stor uppoffring? Eller ser de på Sverige på ett helt annat sätt?

Frågan om man tycker att det varit värt det är något vi alla måste brottas med dagligen. Man fattar beslut, man värderar, och man kommer till en slutsats. Om det, vad det nu må vara, visat sig varit värt det kan man fortsätta på samma spår. Om det tvärtom visade sig inte vara värt det får man tänka om och agera bättre i framtiden. Tänka om och tänka rätt, förhoppningsvis nöjd med att iallafall vara en erfarenhet rikare. Man gjorde ett misstag och man försöker att inte upprepa det.

Vissa beslut är svåra. De kräver en hel del uppoffring men man hoppas alltid att det ska visa sig vara värt det i framtiden. Man skiljer sig, man flyttar, man byter jobb eller omskolar sig. Man hoppas att man tagit rätt beslut, men man kan aldrig veta.

Tiden går och man får facit i hand.

Nu sitter vi här, med en bit av facit i hand. Och var det då värt det, undrar jag ofta. Var det värt att "öppna våra hjärtan" för hundratusentals så kallade flyktingar? De som då ansåg det värt det, vad tänker de idag? Kan de fortfarande, trots allt som hänt och händer, anse att det är värt det?

Det är faktiskt inte omöjligt. Men det beror givetvis helt på hur man väljer att beskriva situationen för sig. Om man tror att alla de som kommit hit flyr från krig, bomber, tortyr och förföljelse och Sverige är ett av ytterst få länder där dessa stackars flyktingar äntligen kan få pusta ut i fred, då kanske man tycker att de "utma-

25

ningar" vi dras med idag är värt det. Det handlar ju trots allt om liv eller död för de påstådda flyktingarna.

Kanske är man beredd att se no-gozonerna, våldtäkterna, bilbränderna, besparingarna på mer eller mindre all välfärd, den fallande kronan, otryggheten, döden, våldet, kaoset, som den sortens ägg man bör knäcka för att få till en omelett. För Sverige är ju ett rikt land och vi måste ta vårt ansvar när det är oroligt i världen.

Vem vet, man kanske till och med tycker att den kollapsade sjukvården och polismakten är ett pris väl värt att betala. Att barnen inte länge är trygga i skolan, eller utanför den. Att allt fler kvinnor helst stannar inne efter mörkrets inbrott. Det är värt det. Det var värt det. Eller kanske, det kommer att bli värt det.

För vi har ju alla sett rapporterna. Sverige har en åldrande befolkning och utan massiv utomeuropeisk invandring går vi under. "Pensionsräddare" var länge ett begrepp som inte användes ironiskt, precis som "kulturberikare".

Det är alltid svårt att föreställa sig hur personer med helt annorlunda världsåskådning resonerar, men jag har faktiskt svårt att tro att någon som ens har minsta koll på nyhetsflödet faktiskt tycker att massmigrationen är värt det, så som Sverige ser ut idag.

Jag antar att de desperat hänger sig fast vid att det kommer att bli bra i framtiden. Att det fortfarande kanske är vårt fel. Att vi inte har satsat tillräckligt på integrationen. På arbetsmarknadsmässiga åtgärder. Att svensken kanske fortfarande, trots allt, inte varit öppen nog i sitt hjärta och det är därför saker är lite stökiga nu. En utmaning. En övergångsperiod.

Man äcklas av bara tanken, ärligt talat. Även om man försöker se att de menar väl. För även om de tror att de räddat människor från krig och förtryck, för andras skattepengar, så är det mycket som har offrats. Oerhört mycket.

En sak måste man ha väldigt klart för sig. Ett faktum som ingen kan trolla bort.

Varendaste brott som utförts av dessa utlänningar är ett brott som hade kunnat förhindras. Varje våldtäkt, varje inbrott, varje krona i felaktigt utbetalt bidrag. Varje lägenhet där en svensk borde bo, varje socialbidrag som fattas hos fattiga svenska familjer, varenda dödsfall inom sjukvården som skett på grund av personalbrist. Allt detta hade kunnat undvikas.

"Det är inte så enkelt" påstår kanske någon. Jag hävdar motsatsen. Precis så enkelt är det. Brott sker inte utan en gärningsman och vi har importerat gärningsmän i mängder. Hade de inte varit här, hade inte brotten utförs. Hur kan något vara enklare.

Med detta i tankarna, hur kan någon ärligen säga att det är värt det? Kan en enda kännande människa läsa om ett våldsdåd, en våldtäkt, en misshandel, och ärligt i sitt hjärta känna att det var ett offer värt att göra?

Jag hoppas verkligen inte det. Jag hoppas som vanligt på att dessa människor bara är oinformerade. Men ju värre det blir i Sverige, desto mer börjar jag undra. Kanske finns det så pass empatilösa människor att de tycker att allt är värt att offra för att de själva ska få känna sig goda?

Den sortens godhet kan bara kallas en enda sak. Ondska.

MAGNUS SÖDERMAN
5 december 2019

Männens ansvar i kölvattnet av #skampatrullen

Antiliberala nätaktivister har under senare tid verkat under #skampatrullen på Twitter där de riktat in sig mot "totts", "runkgubbar" och "vitriddare". Helt sonika har man skämt ut folk som beter sig olämpligt: kvinnor som viker ut sig i jakt på bekräftelse och män som hejar på dessa kvinnor. Ska man bara nämna en bra sak med detta så är det att företeelsen nu är på tapeten, vilket ger oss anledning att vidare stöta och blöta det hela.

Jag har själv tagit upp behovet av en hederskultur här på Svegot. 2017 skrev jag artikeln "Det är inget fel med en hederskultur" och resonerat kring det i otaliga radiosändningar och poddar. Det är ett alltid aktuellt ämne eftersom konsekvenserna av den liberala tidsandan är tydligt negativa – för att inte säga livsfarliga.

Exemplen på det är många, så låt mig välja två aktuella. Min kollega Dan Eriksson gav sig själv ut på patrullering och gjorde ett inlägg i debatten:

"Promiskuösa kvinnor är slutet på en kultur. #skampatrullen må vara kantiga i sin retorik, men de har rätt. En moralisk uppryckning krävs snarast, annars dör vi. Din 'rätt' att vara en slampa trumfar inte vår överlevnad."

Snart nog dök en Anders Persson upp som minsann skulle sätta Dan på plats. Det gjorde han med kommentaren:

"Du är en speciell sorts skitstövel du.
Vad kvinnor gör eller inte gör, det ska du ta och fullständigt ge fan i.
Bara för att ingen vill ha dig behöver du inte bli bitter.
Sluta vara rasist, respektera kvinnors rätt till sina egna liv,
var en vuxen man,
så kanske det löser sig."

En annan man på Twitter, Jonathan Alfredsson, drog också lans för kvinnors rätt att göra precis som de vill. Hans kommentar leder oss in på ämnet för dagen:

"Ja om min framtida dotter vill lägga upp tuttbilder så är det hennes val.

Jag kan verkligen inte förstå ert problem med att tjejer lägger upp lättklädda bilder på twitter. Ni känner inte dem, så kan inte se hur det påverkar er…"

Rensa ut "runkgubbarna" och "vitriddarna"
Vad vi ser är den moderna mannen som kapitulerat. Inte nog med att de kapitulerat, de försvarar beteenden – ja, uppmanar till dem – som både skadar enskilda och skapar en destruktiv mentalitet. Varför? Det finns flera skäl. Alla har dock att göra med en förlorad moral, som kommer av en raserad tradition.

Jag tänker inte djupanalysera vem eller vilka som bär skulden till detta utan konstaterar bara att så är fallet. Däremot vill jag se till männens ansvar idag. Vid senare tillfälle får jag återkomma till kvinnornas. Dock krävs det två för att dansa tango.

Allt för länge har vi män tillåtit det liberala giftet bland oss. Vi har dragit skam över oss själva och ingen av oss är utan skuld. Vi dras med i en jargong som "höhöar" sexualiseringen av våra egna kvinnor; våra döttrar och mödrar och hustrur i förlängningen. Jag menar inte att vi ska kastrera oss själva och ängsligt vakta våra tungor mot "grabbighet" i det privata samtalen, men vi vet alla när gränsen passeras. Vi är barn av vår tid, vilket måste erkännas och ligga till grund för vår egen personliga moraliska upprustning.

Det är upp till männen att ta itu med "runkgubbarna" och "vitriddarna". Vi måste visa att de inte har någon plats hos oss. En "man" som säger att hans framtida dotter gärna får lägga upp "tuttbilder" så att andra män kan förlusta sig till dem är en avart som ska skambeläggas. Om vederbörande säger det i ett sällskap är det inte (moraliskt i vart fall) fel att slå ner honom. Eller värderar vi inte våra kvinnor, våra mödrar, systrar, döttrar och hustrur?

En man som inte korrigerar sitt beteende efter att ha blivit tillsagd av sina vänner, utan framhärdar med sitt liberala dravel, måste avskiljas från gemenskapen. Detta var och måste åter igen vara en grund i vår nordgermanska hederskultur.

Ge inte "tottsen" minsta lilla uppmuntran
"Totts" står för "Tragiskt Ouppfostrade TinderTjejer" och på samma sätt som nationalistiska män inte vill ha ovanstående "runkgubbar" eller "vitriddare" bland sig kan heller inte dessa kvinnor accepteras. De drivs av uppmuntrande kommentarer och blickar från män som går igång på deras avklädda bilder och skamlösa kommentarer. Vare sig det är i verkliga livet eller på nätet skall vi inte underblåsa eller ursäkta deras beteende.

Här krävs det manlig självkontroll. Är du inte bög så kommer du alltid att uppskatta mer eller mindre nakna kvinnor. Att tycka om att betrakta dem är hårdkodat i oss av förklarliga skäl. Det är inget fel i sig och snarare nödvändigt för reproduktion och en fungerande sexualitet. Just därför måste männen rida spärr mot dessa vulgära kvinnor. Vi måste visa att det inte ses med gillande av oss. Människan är enkel och om dessa "totts" inte får uppskattning så kommer de ändra sig. Svårare än så är det inte.

Man måste ju fråga sig: vill jag att min dotter ska vika ut sig till allmän beskådan? Skulle jag uppskatta att se min mamma skreva i trosa och topp på bild och få "höhö"-kommentarer av gubbar? Eller min syster? Eller min blivande hustru? Om du inte har problem med det så har du andra allvarliga problem och jag kommer inte lägga energi på dig. Om du däremot säger nej, kom då ihåg att kvinnan du betraktar är någon annans mor, syster, dotter eller hustru.

Låt inte nästa generation gå i samma fällor
Kanske kan vi inte göra mer än att trycka tillbaka en del av de nu aktiva "tottsen" bakom låsta konton. Kanske kan vi inte ändra på de aktiva "runkgubbarna" och "vitriddarna". Det finns mycket vi inte kommer kunna ändra på. Kanske kommer inte ens du själv kunna leva upp till de höga krav du ställer utan fortsätta flukta i skymundan.

Det vi kan är däremot att säga ifrån och ta vårt ansvar inför de yngre generationerna, speciellt de som finns i eller kring vår egen opposition. Skampatrullen lyfte på locket och vi måste dra nytta av det så att debatten hålls levande. Vi män – yngre som äldre – måste också ta vårt egna ansvar. Är vi fäder, ställ krav och acceptera inget som ens andas "tott"-beteende (om du varit släpphänt tidigare är det aldrig för sent att ändra dig). Är du bror (framförallt storebror) så kom ihåg att du har ansvar för din syster. Är du make med en hustru som smittats av dylikt beteenden, sätt ner foten. (Har du själv inte uppfyllt din manliga plikt, erkänn det och förmå er tillsammans upprusta er moral).

Det krävs en moralisk upprustning och den måste börja hos oss själva – precis som allt annat. Med tanke på att ingen av oss är "utan synd" kan vi lika gärna kasta stenar vilt omkring oss. Vi måste göra det. Ingen civilisation överlever liberaliseringen av sexualiteten och vare sig män eller kvinnor som lever så mår bra. I spåren av hororna och horkarlarna återfinner vi splittrade familjer, övergivna barn, psykisk ohälsa, sexuella perversioner, övergrepp och destruktiv egoism. Det är vad som står på spel, tro inget annat.

Framöver ska jag återkomma till resonemang om gränsdragningar; om allt naket är dåligt; om kvinnors ansvar och om bara folkdräkter får bäras … med mycket mera.

DANIEL FRÄNDELÖV
5 december 2019

"Gymnasieelever" klarar inte att söka lägenhet och gå på komvux samtidigt

Över hundra personer ska ut från Sveriges största asylboende. Tyvärr ska de inte lämna landet utan har uppmanats att göra något som verkar oöverkomligt svårt för dem – skaffa egen lägenhet. "Omöjligt" säger de själva, och nu hotar hemlöshet för de stackars "gymnasieeleverna".

Det verkar vara ovanligt svårt på komvux nu för tiden. Det är så pass krävande att man inte ens har tid att ansöka om lägenhet under tiden man studerar.

Det hävdar iallafall de "gymnasieelever" som bor på Restad gård, Sverige största asylboende. Gymnasieelever är placerat inom citationstecken eftersom det framförallt handlar om migranter, som förvisso går på gymnasiet.

Ett hundratal personer boende på Restad gård har fått veta att de måste ut ur boendet innan slutet på januari då de inte omfattas av bosättningslagen. Hitta ert eget boende, men stanna gärna kvar i Sverige. "Ja, ut", med andra ord.

Men att hitta en egen lägenhet är inte lätt. Det är inte lätt för svenskar heller. Extra svårt verkar det vara för Bahanan(?) och de andra på boendet som studerar. Det går nämligen inte att både söka lägenhet och gå på gymnasiet, hävdar de.

– Det är jättesvårt samtidigt sådär att hitta en lägenhet. Det går inte.

Bahanans kompis (som av någon anledning inte vill säga sitt namn) har minsann frågat runt om hjälp men är mycket förvånad att Sverige inte gör som vanligt och bara ger migranterna vad de än må peka på.

– Det är svårt för oss. Det är jättesvårt situation. Hur ska vi hitta en lägenhet? Vi har pratat med socialtjänsten, de kan inte hjälpa oss. Vi har pratat med röda korset och migrationsverket bryr sig inte om oss. Hur ska vi plugga? Hur ska vi klara utbildningen?

Reportern från Sveriges radio frågar det vi alla undrar. Det vill säga, "men andra klarar ju att plugga och söka lägenhet samtidigt, är det inte rimligt att ni med gör det?" Det är en för svår fråga att ta ställning till visar det sig.

– Det vet jag inte, det är en svår fråga.

Det går förvisso, om man vill, att inse att Baharan och hans klasskompisar har det lite extra svårt. Att efter att ha daltats med av den svenska staten sedan de satte sin fot här plötsligt får veta att man själv ska hitta en lägenhet i ett bostadsbristens Sverige, utan kontakter och med en knappt grundläggande förståelse av det svenska språket kan nog komma som en chock. Och dessa "gymnasieelever" har det extra utmanande eftersom de måste ha en lägenhet i närheten. Deras lagliga rätt att vistas på svensk mark hänger endast på att de behåller just den gymnasieplats de har nu, och att de klarar av skolan. Annars åker de ut, iallafall i teorin.

Sverige radio rubriksätter givetvis med att de nu hotas av hemlöshet. Det är faktiskt ingen omöjlighet. Tonen från myndigheterna verkar ovanligt hård och den 31 januari ska de vara ute, och de måste lösa det själva.

Kanske väntar det inget annat för dem där ute än hemlöshet. Hemlös i Sverige i januari är inget trevligt, och att de på samma gång ska klara av gymnasiestudier är det svårt att se.

Förhoppningsvis inser gymnasieeleverna då att sötebrödsdagarna är slut och det bästa är att åka hem till sina egna betydligt varmare hemländer.

Där finns det även gott om lägenheter till ett överkomligt pris.

KRISTOFFER HUGIN
6 december 2019

Nödvändigheten av skam i en kultur

Skam, hederskultur, normer och sex. Den senaste veckans största snackisar i den utomparlamentariska debatten är rent sprängstoff och fyllt med känslor. Men varför ser samhället generellt olika på mäns och kvinnors sexualitet? Kristoffer Hugin berättar om en evolutionär nödvändighet av skam och hederskultur.

Jag har med nöje beskådat hur Twitterkampanjen #skampatrullen blev en framgång med uppmärksamhet i såväl Aftonbladet som på Samhällsnytt, och att det således startade en debatt kring begreppet. Samtidigt har jag sett hur liberaler ställer sig helt oförstående till begreppet skam och de förstår överhuvudtaget inte varför det existerar, utan kan enbart relatera det till islamismen. Det kan således vara på sin plats att förklara varför skam överhuvudtaget existerar och varför det är nödvändigt, vilket även återknyter till min tidigare krönika.

Skam – den där inre känslan som uppstår när vi vet att vi gjort något fel eller när vi blir tillrättavisade. Fel i bemärkelsen att vi brutit mot en norm eller en regel och skäms när vi blir påkomna av andra. Normer i sig är själva fundamentet i en kultur eller i en religion – i synnerhet i de abrahamitiska religionerna, vilka genom moraliska påbud anger hur man bör eller inte bör bete sig. Normerna syftar helt enkelt till att reglera mänskligt beteende eftersom totalt gränslöst beteende leder till en kollaps av all mänsklig organisering.

"Men vadå? Ingen annan ska bry sig om hur många jag ligger med!" kanske liberalen säger.

Nu är det dock så att människan är en social varelse och överallt där människor bildar grupper så växer normer fram, och normerna syftar till att hålla ihop gruppen, inte att maximera njutning för individen enligt hedonistiska principer. Har man likt vad en del liberaler har, inställningen att livet går ut på att maximera njutning och personlig frihet, så har man snart inget samhälle kvar om alla lever efter denna filosofi.

I grund och botten handlar kritiken mot #skampatrullen om en total oförståelse för könsskillnader i mänsklig sexualitet, i alla bästa tabula rasa-anda. För att förklara det kort och koncist – män har i grunden en så kallad snabb livshistoria som innebär att det rent evolutionärt ligger i mäns intresse att sprida sina gener så vitt och brett som möjligt, vilket skulle innebära kortsiktiga sexuella relationer med många kvinnor.

Detta återspeglas i det faktum att män i snitt har en högre sexualdrift än kvinnor, oftare är redo för sex – om så med en främling, oftare är otrogna och så vidare. Men eftersom det blir väldigt svårt att bygga upp ett stabilt samhälle på en sådan grund måste sexualiteten begränsas genom normer och i stället uppmuntra en långsam livshistoria.

Just en sådan, en långsam livshistoria, är vad kvinnor i allmänhet har – av den simpla anledningen att "kostnaden" för en graviditet är oerhört mycket högre för en kvinna än en man. Evolutionärt och historiskt sett så har en gravid kvinna inte haft stora chanser att överleva utan en man, och barnets överlevnadschanser är ännu lägre. Hon har således tvingats att bli kräsen med vem hon särar på benen för i syfte att försäkra sig om att mannen stannar kvar och försörjer henne och barnet.

Det är av denna anledning som kvinnor synar mäns egenskaper i sömmarna under exempelvis en dejt – hon måste försäkra sig om att han har de egenskaper som krävs för en långsiktig relation och att han inte fejkar för att få ligga.

Problemet sedan den sexuella frigörelsen, feminismen, p-pillren, fria aborter samt välfärdsstaten i stort är dock att man tagit bort alla incitament för kvinnor att kontrollera sina impulser genom att man har minimerat de negativa konsekvenserna av att ha en kortsiktig reproduktionsstrategi. Kort sagt – kvinnor har uppmuntrats att bete sig som män i den mest primala bemärkelsen. Och nu, sisådär 60 år senare, så förstår folk inte ens längre vad skam innebär eller varför det är nödvändigt.

Däremot har vi fått en stadig och kraftig ökning av ensamstående mammor, tiotusentals aborter årligen bara i Sverige, skilsmässor, barn som växer upp utan en närvarande far och tonårsdöttrar med daddy issues som reproducerar sin mammas beteende. Om någon tycker detta är helt i sin ordning så skulle jag gärna vilja ha ett bra svar på följande fråga – exakt hur har detta varit positivt för samhället?

Om det inte framgått hittills i texten så kan jag förtydliga – om kvinnor vill hitta bra män att dela livet med så ökar chanserna inte genom att fläka ut sig i sociala medier eller genom att dra hem nya killar från krogen varje helg. Chanserna ökar däremot genom att uppträda värdigt, hålla ihop benen, syna männen noggrant i sömmarna och sålla bort rötäggen som tänker med fel huvud. Men visst, det ger ju inga snabba bekräftelsekickar...

Ok, jag fattar – det är svårt och jobbigt att behärska sina impulser och sitt bekräftelsebehov. Men om alla agerade på sina nycker i stunden och fokuserade på kortsiktig behovstillfredsställelse så har vi snart ett samhälle där folk idkar könsumgänge på allmän plats, liksom missbrukande och våldsutövning. Det är inget samhälle jag tror att ens liberaler själva vill bo i men som blir det oundvikliga resultatet av deras politik. Således fyller skam en viktig funktion; att markera tydligt när man ägnar sig åt för gruppen (och som sagt ofta även för individen själv) destruktivt beteende, till dess att skammen är internaliserad såsom den var förr men tydligen inte är i dessa tider.

Det finns dock människor som skiter fullständigt i kulturella normer eller skam och ägnar sig helhjärtat åt att agera på sina impulser. Dessa bor ofta i vad som kallas en "knarkarkvart" eller "bordell" dit samhällets influenser inte når. Låt det stanna där utan att låta resten av samhället gå samma väg och fokusera på självförbättring i stället för bejakande av dina svagheter.

Ohämmad hedonism är nämligen något svaga människor sysslar med och är ovärdigt vita människor.

EVA-MARIE OLOSSON
6 december 2019

I Sverige ska man väl prata svenska?

De flesta av oss har säkert varit med om att inte förstå ett ord som talas där man befinner sig. Då pratar jag inte om när man är på utlandssemester. Jag menar här hemma, i vårt land. Så klart är det inte turister om sommaren som pratar sitt hemlands tungomål det jag tänker på heller, utan det är snicksnack av helt andra främlingar och vid helt andra tillfällen. Det är numera inte ens enskilda tillfällen utan kanske varenda dag.

Numera är det vardagsmat att i vårt hemland inte förstå ett jota av vad som sägs, man står där i kön på Ica, inne på apoteket eller på sin arbetsplats och har ingen susning om vad folk runt om en pratar om. De flesta av oss vill inte ha det så, vi känner oss besvikna, svikna, illa till mods och kanske till och med börjar att känna avsmak för hur det blev.

För några år sedan ventilerade jag på en fest vad jag tidigare under dagen på en arbetsplats varit med om. Det som hände var att vi blev till två läger, för eller emot. Vi på festen var inte överens om att svenska språket är det som ska pratas på våra arbetsplatser, av alla. "Såklart ska dom få prata sitt språk…" och så var vi igång. Vi bekände "färg".

Ponera att du en tidig morgon sitter i en tresits-soffa på en förskola, du sitter och pratar med en arabisk muslimska, det är lite knaggligt men det går. Sen kommer ännu en arabisk muslimska och då blir det arabiska för hela slanten, det känns ju sådär. Jag blev utesluten, utestängd, jag blev till luft och intet.

Vad göra, och eftersom tidens melodi var sådan att man på arbetsplatsen abdikerat för de som är här för att ta vad man vill ha, så reste jag mig och gick in i köket där mina landsmän var. Vi delar upp oss helt naturligt i där vi hör hemma, vill vara och trivs bland likar. Att leva i sitt eget hemland, homogent, är biologi, och helt naturligt. Det är därför ett Återvandringsverk med stenhård fokus på återvandring till hemländerna är en sådan god idé, faktiskt riktigt brilliant. Trevlig resa hem!

Hur som, det var då och tiden har gått och nu står vi här. I den minsta lilla håla finns dessa beskrivna språkdilemman, och tyvärr är det inte endast på arbetsplatser för vuxna utan det finns såklart även på skolor elever sinsemellan. Dock, ett sundhetstecken är att det fortfarande finns svenskar som inte gillar hur det går till, avtrubbningen är inte total. Alla svenskar gillar inte att inte förstå vad som sägs på platser och ställen man måste vara på.

"Du, dom två i min klass pratar arabiska med varandra i skolan", sa den lille grabben lite försiktigt och lågmält till mig. Och jag frågade vad han ansåg om det, han tyckte inte om det för han förstod ju inte alls vad de sa. Sen gick han och jag stod kvar och undrade ifall han berättade om detta hemma för sina föräldrar, får han medhåll eller lägger man på ett kol i inskolningen till AB Sverige?

Vi traskar på, dag efter dag och på vägen gnager det, det gnager och skaver det känns så fel, det är fel. Så klart är det så in i h-vete fel. Men, eftersom det inte ligger i vår natur att vara som "franska bönder" så får vi göra på ett annat sätt. Vi svenskar går ihop, vi har startat förening för oss. Vår förening Det fria Sverige tar tillvara våra intressen, i vårt land. I Sverige pratar vi svenska, arabiska pratar man där jag aldrig vill sätta min fot.

OLOV ANDERSSON
6 december 2019

Ärans och hjältarnas språk levandegjort i ambitiös bok

Sverige är hennes folk och detta folk har sina egenheter. Något som särskiljer folket åt är hur de pratar – deras dialekter. Att lära känna dem är att lära känna sitt folk, något varje svensk borde göra. I denna första artikel från Svegots nya skribent Olov Andersson, berättar han om en ny bok på ämnet, som kan hjälpa oss på traven.

Språkvetaren Fredrik Lindström, med tv-framgångar som Värsta språket och Svenska dialektmysterier bakom sig, gav nyligen ut boken 100 svenska dialekter. Det som kanske främst utmärker boken är att den innehåller en ljudspelare, så att läsaren även kan lyssna på de olika dialekter som presenteras.

En del låter inte ens svenska
100 svenska dialekter är en stor bok, den är inbunden och ligger på 320 sidor i A4-format samt tillhörande ljudspelare. Som titeln avslöjar så handlar boken om svenska dialekter. Lindström har gjort ett urval på hundra dialekter som han presenterar med tillhörande ljudklipp.

Dialekterna är uppdelade efter geografisk tillhörighet och återfinns i åtta kapitel under titlar som ”Sydsverige”, ”Östra Mellansverige” och ”Finland och Estland”, där varje kapitel inleds med en övergripande karaktärisering av dialekterna i det aktuella området.

Med förklarande texter får läsaren veta varför de olika dialekterna låter som de gör, hur de uppstått och vilka släktskap de har. Urvalet är gjort så att det påvisar den stora bredd av dialekter som ännu lever inom de svenskspråkiga områdena i Sverige, Finland och Estland. Hela det svenskspråkiga området finns representerat. Det är alltifrån storstadsdialekter till dialekter i små landsbygdsbyar, från moderna och utslätade regionala dialekter som förenar större områden och som kanske främst känns igen på utmärkande språkmelodier, till rent ålderdomliga och tämligen isolerade folkmål som i enskilda fall till och med bevarat ett fyrkasussystem med ackusativ- och dativformer som annars försvann ur svenskan på medeltiden. Bli inte förvånad om du står frågande om vissa av de hundra dialekterna ens kan betraktas som svenska.

Historiekunskap på köpet
Förutom att det är intressant att ta del av och lyssna på dialekter i sig, så har boken ett mervärde. Eftersom dialekterna i de flesta fall står på gammal grund och fanns före rikssvenskan, så ger boken många insikter i äldre svensk och nordisk historia, där gamla levnadsbetingelser kan avspegla sig i dialekterna och förklara forna handelsutbyten, kulturgemenskaper och politiska förhållanden.

Exempelvis lyfter Lindström fram att gutniska språkdrag inte är isolerade till Gotland utan återfinns (eller återfanns) i många östersjödialekter, men även i Dalarna. Att språkdragen finns spridda längs Östersjön är kanske inte så konstigt, eftersom sjöar och hav fordom förenade människor mer än separerade dem. Att det finns likheter mellan gutniska och dalmål förklarar Lindström med att såväl Gotland och Dalarna historiskt hade täta kontakter med svearna i Mälardalen. Gutarna och dalkarlarna influerades då språkligt av svearna så att de därigenom kom att uppvisa likheter i språket.

En stor invandring till Stockholm från framförallt övriga Sverige och Tyskland under medeltiden ska emellertid ha förändrat språket så att språkområdet från Gotland till Dalarna splittrades och fick den avvikande stockholmskan i mitten. En alternativ förklaring skulle kunna härleda den forna likheterna i området till gutnisk handel och kolonisation under vendel- och vikingatid.

Gutarna dominerade östersjöhandeln under denna tid och det finns väl ingen anledning att tro att de enbart vände sig österut eller att svearna var den enda givande parten ifråga om språkinfluenser. Gotlands makt och rikedomar, med hälften av Sveriges alla vikingatida fynd och en medeltida kyrkotäthet utan motstycke, kan snarare indikera motsatsen.

Är skånskan en slags halvdanska?
Boken innehåller mycket resonerande kring de svenska dialekterna, hur de uppstod och i viss mån även vart de är på väg. Lindström vågar sig till och med på en intressant kontrafaktisk spekulation: Hur skulle en "riksgötiska" ha gestaltat sig, om göterna inte förenats med svearna i ett rike utan bildat ett självständigt Göta rike?

Många vanliga frågeställningar om dialekter besvaras annars: Varför uppfattas de västsvenska dialekterna ofta som positiva? Finns det ett gnäll- respektive pipbälte i Sverige? Är skånskan en slags halvdanska? Är norrländskan fåordig? Bryter finlandssvenskar på finska? Finns det någon plats i Sverige där det inte pratas dialekt? Förutom sådana lite mer banala frågeställningar berör boken även lite tyngre språkvetenskap som till exempel vokalljud, norrländsk förmjukning och dialektal grammatik.

Ett intressant grammatiskt dialektdrag utöver det ovannämnda fyrkasussystemet är det likaledes ålderdomliga tregenussystemet, där substantiv delas in som maskulina, feminina eller neutrum (han, hon eller det) och som fortfarande återfinns i en del folkmål. Detta system började rasa ihop i Mälardalen under senmedeltiden och försvann helt ur standardsvenskan på 1600- och 1700-talet. Likt fyrkasussystemet återfanns det tidigare i alla germanska språk, men har försvunnit ur exempelvis svenskan, danskan och engelskan. De mest konservativa germanska språken ur grammatisk synvinkel är tyska och isländska, vilka har de båda systemen intakta i sina standardspråk.

Språk är viktigt på riktigt
100 svenska dialekter är lättsamt skriven och ger en översiktlig introduktion till det svenska språket och dialekterna. Den borde intressera alla svenskar med intresse för det inhemska språket och kulturen. I svenskan i allmänhet och dialekterna i synnerhet finns en viktig del av vår historia och identitet.

Dialekterna rymmer hela den svenska språkhistorien och levandegör den, alltifrån rötterna i fornsvenskan, som i hög grad är levande i exempelvis de konservativa dalmålen, till den nutida svenskan, som bland annat återfinns i dagens moderna och språkligt förändringsbenägna stockholmska.

Men det är inte bara ur ett kulturellt och historiskt perspektiv som boken är intressant, utan även ur ett politiskt. Språk är nämligen ett viktigt politiskt instrument, vilket det långa socialdemokratiska styret över Sverige har påvisat.

Under socialdemokratin har dialekterna systematiskt förtryckts till förmån för en sanktionerad rikssvenska i ett försök att göra folket till en lojal och enhetlig massa. Att kontrollera språket har följaktligen varit viktigt för denna antifolkliga kraft. Intressant är att många av de områden som uppvisat mest ihärdighet i vägran att anpassa sig efter den socialdemokratiska centralmakten ofta också har haft levande dialekter, vilket kan indikera dialekternas viktiga funktion för en svensk självaktning.

Att hålla sin egen dialekt vid liv och att bilda sig i det svenska språkets historia kan därför ses som en motståndshandling i ett Sverige som för tillfället styrs i en riktning bortom all reson och vett.

Införskaffa med fördel boken och få dig till livs ärans och hjältarnas språk i många olika och intressanta varianter, ta del av en levande kulturskatt så får du samtidigt en ökad kunskap om dig själv, vem du är och var du kommer ifrån.

JOHAN SVENSSON
7 december 2019

Julbordets fällor och fröjder

Johan Svensson älskar julbordet men har med fasa sett vänner och kollegor begå fasansfulla och ibland direkt osmakliga misstag vid denna heliga matt-radition. Här bjuder han Svegots läsare på sina bästa tips för att få maximal njutning av denna högtid, tillsammans med den sortens dråpliga historier som gjort honom så populär.

Nu vankas tusen julebord
Uti vårt mörka land
Och tusen, tusen snapsar ock
Som hälles uppå tand

Och över stad och land i kväll
Får svensken magen full
Av skinka, sill och lax och korv
Och kuse med färg av gull

Du dignande bord i nordligt land
O låt din givmildhet
Få fylla oss med julkänsla
Och göra buken fet

På varje krog med självrespekt
Så bjuds det juleshow
Vi går så hem i julens frid
Och sjunger Let it snow

Julen är här! När man kände att man inte pallade mer av den här motbjudande hös-ten med regn, regn och åter regn så blev det äntligen dags att rusa ner till källaren,

41

kila upp på vinden, kvista iväg till handlaren och hämta juldekorationerna. Jag brukar inte vara speciellt väderkänslig men den här hösten har varit så akut befriad från dagsljus och solsken att jag började känna mig som en sån där anemisk discofisk som lever på flera tusen meters djup och har en lampa den dinglar framför munnen för att locka till sig småfiskar. Jag har tryckt i mig mängder av citrusfrukter, zink och D-vitamin för att stå ut.

Men nu. Nu är den äntligen här. Julen. Ljusstakar, röda gardiner, dekorationer, halmbockar, apelsiner med kryddnejlikor, stjärnor, blommor, änglar och hela midevitten. När hösten är som mörkast så kommer till sist den efterlängtade julen när man får lov att tända brandfarliga mängder med ljus, smutta på glögg och lyssna på julmusik. Hej tomtegubbar slå i glasen och låt oss lustiga vara!

En av de bästa sakerna med julen är julborden. Jag hade kunnat äta julbord året runt. Förr i tiden gjorde man ju det också. I alla fall om man tillhörde borgarklassen, för då åts smörgåsbord året om. I år är det första gången som jag tar med mig dottern ut på krogen och likt Baloo ska jag lära henne allt jag kan som julbordsentusiast.

Det mest uppenbara och amatörmässiga misstaget folk gör är att de har alldeles för bråttom. Likt svältfödda djur dyker de ner på julbordet med samma återhållsamhet och grace som en flock gamar som dyker ner på ett buffelkadaver. Det rycks i skedar, knuffas, svingas gafflar och man bygger absurda och oaptitliga torn av mat på sina för den omöjliga uppgiften underdimensionerade tallrikar. Sannare har Reinfeldts ord aldrig ekat i huvudet där man står och betraktar dessa besinningslösa zombies: ursvenskt är bara barbariet.

Jag minns ett företagsjulbord för ett tiotal år sedan. En av mina yngre kollegor hade för säkerhets skull grundat med en mängd rejäla groggar redan innan glöggen och pepparkakorna. Förutom att han var oklädsamt smal var han rätt lik en tomte på vissa sätt. Näsan och kinderna var påtagligt röda till exempel. Svårigheten att tala gjorde att man lätt kunde tro att han talade från bakom en mask. Läpparna var liksom inte riktigt synkade med tungan och vice versa och talcentrat i hjärnan hade gått på rökpaus för att inte komma tillbaka resten av kvällen.

Vi lyckades i vilket fall som helst baxa med honom till restaurangen.

Vid julbordet greppade han så en tallrik och började bygga. Underst lade han ett tjockt lager med sill, lax, ägg, ost och bröd. Över detta kom ett lager med kallskuret. Ovanpå detta landade köttbullar, prinskorv och rödbetssallad. Efter det ett respektingivande lager med Janssons Frestelse, som brutalt ryckt ur sitt sammanhang inte alls såg så frestande ut. Som en sista garnering, en piece de resistance ovanpå detta veritabla Babels Torn, placerade han med absurdistisk konstkänsla ett par rykande revben. Et voila – julen var serverad. Det var ett under att ett skred inte inträffade under den vingliga färden till bordet.

Att säga att det såg oaptitligt ut är en underdrift. Det var en svårslaget motbjudande syn endast trumfad av synen av kollegan som började möla in tallrikens bördor i munnen utan vare sig känsla för ordning och systematik eller respekt för tradition och god sed. Redan efter ett par minuter deklarerade han återhållsamt att han var mätt och somnade vid bordet. Ridå. Han blev inte medbjuden på julbord igen. Låt detta, kära läsare, stå som ett studieexempel i hur man inte ska begå ett julbord.

När det kommer till julbord är jag helt enig med gastronomen Edward Blom. För att korrekt avnjuta ett julbord krävs det sju tallrikar. Sill, kall fisk, varm fisk, kallt kött, varmt kött, ost, dessert. Det kan givetvis debatteras huruvida osten ska sluta måltiden (en fransk approach) eller desserten. Detta lämnar jag helt och hållet till er och ämnar inte lägga mig i. Men sju tallrikar ska det vara. Det ska vara sju måttfulla och framför allt smakfulla tallrikar. Lägg inte på för kung och fosterland. Är något väldigt gott går det givetvis bra att ta två gånger av detta, men gå då hellre fler gånger än att lägga på för mycket med en gång. På det sättet undviker du även att överäta. Därtill är det bra för matsmältningen att komma upp och resa på sig några gånger. Sedan tycker jag alltid att man ska börja med att gå ett varv och bara titta vad som finns. Är du vansinnigt begiven i lutfisk så vill du kanske notera om detta bjudes innan du tar för dig av fem sorters lax. Om köttbullarna inte ser hem-magjorda ut är det kanske bättre att satsa på den rökta hjortkorven som såg desto godare ut.

Och framför allt: ha inte bråttom. Ett julbord ska få ta tid. Det handlar inte bara om att äta utan i lika mån umgås. Prata och skåla med dina vänner och bekanta. Dela julminnen och traditioner. Sjung julsånger så att taket lyfter och salen fylls av skratt.

Till detta tarvas dryck. Det vanligaste är väl att dricka julöl till julbordet. Julmust för nykteristerna. Att matcha vin till julbord är väl i princip omöjligt om man inte varvar en massa olika sorter, med tillhörande kopparslagare dagen efter. Jag vill dock slå ett slag för mumman. Det är en härligt läskande blandning av julöl och julmust med lite extra kryddning och passar exceptionellt väl till julbordets smaker. Drycken har rötter som går ända tillbaka till 1500-talet och det är härifrån som vi har fått uttrycket att något "smakar mumma". Om ni inte har provat det så kan jag varmt rekommendera er att blanda en karaff. Här får ni ett recept förresten. Det är från min släkting Calle och han blandar den godaste mumma jag vet.

Calles mumma:
- 3 dl julöl
- 3 dl julmust
- 2 dl porteröl
- 2 dl sockerdricka
- 8 cl gin
- 1,5 dl madeiravin (helst torrt)

Häll de väl kylda ingredienserna försiktigt i en karaff. Rör varsamt. Häll upp utan att låta det skumma allt för mycket. Känn dig traditionell till tusen.

Huruvida man vill dricka snaps till julbordet tycker jag får vara upp till var och en. Men notera att våra kloka förfäder inte bara hinkade sprit för att bli berusade. Våra klassiska brännvinskryddor valdes med omsorg för sina olika medicinala effekter och alkohol var det effektivaste sättet att dra de verksamma ämnena ur växterna. En "fördelare" till eller i alla fall efter maten kan hjälpa matsmältningen. Personligen rekommenderar jag snaps på Johannesört, eller Hirkum Pirkum som den kallas i folkmun (Hypericum perforatum). Smaken är mild och god, färgen vackert röd och din mage kommer att tacka dig.

God jul på er och låt bilen stå när ni åker till julbord. En promenad efter julbordet och ni kommer att somna som kungligheter i era sängar, under julhimlens alla stjärnor.

MAGNUS SÖDERMAN
9 december 2019

Daniel Wretström – närvarande!

I år är det 19 år sedan Daniel Wretström mördades och vi får inte tillåta att minnet bleknar. Han var inte den första att mördas av svenskhatande främlingar och inte den första att beljugas av lögnmedia. Men han blev symbolen för den praktiserade och dödliga svenskfientligheten. Han är dock, som alla andra som fallit offer, alltid närvarande!

Det är nog många med mig som minns mordet på Daniel Wretström; vi minns detaljerna som sedermera kom fram kring den sadism och grymhet som gärningsmännen – ett mångetniskt förortsgäng – uppvisat vid mordet; vi minns när insikten kom att det hela kanske hade kunnat avstyras, om personen i bilen som Daniel sökte skydd hos, hade stannat och hjälpt till istället för att köra iväg. Och om … så många om!

Men det är nog många andra som inte minns honom, eller mordet. Under senare år har många svenskar vaknat upp ur sin dvala och kommit till insikt om vad som pågår. För dem var mordet på Daniel inget som gjorde avtryck. Massmedia gjorde sitt bästa för att tysta ner och förvränga redan då och de lyckades. Hur bra de lyckades får exemplifieras av valfri Sverigevän som har mage att uttrycka åsikten att det i vart fall var bättre "när Göran Persson var statsminister". Persson var statsminister året då Daniel mördades och han var – enligt mig och utan tvekan – medskyldig.

Daniel mördades för att han var svensk och nationalist (vilket syntes på honom eftersom han också var skinhead) och det är inte långsökt att antaga att den hets som riktats mot nationella i svensk media (vilket kulminerade med den stora uthängningen i Expressen, Aftonbladet, Svenska Dagbladet och Dagens Nyheter 1999) och som kröntes av löftet från Sveriges dåvarande statsminister (Göran Persson alltså) riktat mot de nationella: "Vi ska krossa dem" bidrog till att tortyrmordet på Daniel utfördes.

45

Vi minns också hur vänstern hånade den döda; vi minns skylten om ett en var avklarad och att vi andra stod på tur; vi minns hur Gustav Fridolin, då riksdagsledamot för Miljöpartiet, fanns bland de maskerade motdemonstranterna, precis som flera av Daniels mördare vilkas domar varit löjligt milda. Det var groteskt att gå i fackeltåget mot mordplatsen, samtidigt som man hörde motdemonstranternas talkörer, medveten om att mördarna stod där, omhuldade av etablissemanget.

Jag ska inte säga att jag kände honom väl, men jag träffade Daniel Wretström vid ett tillfälle, på en fest i Fagersta. Jag var betydligt äldre än honom och han var mer intresserad av att prata politik och tro med mig än av att festa. Det gjorde mig glad. Han hade huvudet på skaft och var riktigt hygglig. Många av mina vänner i Fagersta med omnejd kände Daniel väl (han bodde i Surahammar) varför jag genom dem kom att beröras djupt av mordet på honom. Det var med dem som jag också besökte den första minnesmanifestationen i Salem.

Det kändes därför rätt och hedersamt när jag fick tillfälle att tala på Salemmanifestationen och år 2003 kunde jag inför närmare 2 000 personer klargöra att "sorgens tid är över" och att "allt mot fienden" måste vara vårt stridsrop. Somliga upprördes över retoriken i mitt tal, men jag minns hur gick ner från talarstolen och möttes av unga män och kvinnor som uttryckte tacksamhet. Särskilt en ung kvinna minns jag, som med tårar omfamnade mig och viskade några ord – privata ord – som etsat sig fast.

Daniel Wretsröm var inte den första att mördas på grund av den folkmordspolitik som (alltjämt) förs. 2004 var det dags igen, då James Waite mördades i Sollentuna. Han var ännu ett offer för mångkulturen. På senare tid kan läggas till Elin Krantz (2010) och Arminas Pileckas (2016); det finns många fler och skulle vi räkna med våldtäkter, rån och misshandlar så blir listan oöverskådligt lång.

Gärningsmännen har gått vidare med sina liv. De har ursäktats och fått komma tillbaka. Deras offer däremot, de får ingen upprättelse. Daniels mördare hamnade hos Fryshusets Lugna gatan där han fortsatte begå brott, andra har fått nya identiteter och nya chanser.

Under de första åren närmast mordet deltog över 2 000 personer vid den årliga minnesmanifestationen i Salem. Men manifestationen kom efter ett tag att tappa i kraft. Dels berodde det på avståndet i tid till själva händelsen, men också på att en ny tid, en internetbaserad tid, tog sin början. År 2010 genomfördes den sista större samlingen i Salem. Men än idag kan man se hur några tappra få minns Daniel Wretström, på platsen där han mördades runt datumet den 9 december, och många fler som uppmärksammar dagen på internet.

Vi är fortfarande många som vare sig kommer glömma, eller förlåta.

DANIEL FRÄNDELÖV
9 december 2019

Vi måste lyssna på vad Hédi Fried säger

Det finns saker som man hört så många gånger att man bara låter det passera som brus. Man kanske inte ens reagerar på det. En sådan sak är de eviga anklagelserna om "nazism" för att man värnar sitt land och sitt folk. Men då och då bör man faktiskt stanna upp och lyssna och fundera på vad det faktiskt är som sägs – och vad det egentligen betyder.

Hédi Fried är 95-år gammal och "förintelseöverlevare". För enkelhetens skull så utgår vi ifrån att allt hon påstår är sant. Att nationalsocialisterna försökte utrota samtliga judar från jordens yta och att hon var en av de som av ren tur undslapp detta öde. Detta gör henne, av någon anledning, till en auktoritet i svensk inrikespolitik.

Flera tidningar har uppmärksammat henne sedan Ulf Kristersson samtalade med Jimmie Åkesson. De pratade bland annat om energipolitik, hur man ska få stopp på gängen och hur Sverige ska hantera invandringsfrågan. Det kunde inte Hédi Fried acceptera. Hon var mycket besviken, då Kristersson sagt henne att han inte tänkte samarbeta med Sverigedemokraterna.

Det sade han också. I efterhand har han försökt få det till att det handlade om att inte bilda ett konservativt block tillsammans med SD. Men vad han faktiskt sade var att han inte kommer "samarbeta, samtala eller samverka med SD". Och samtala har han bevisligen gjort. Men att politiker bryter löften är knappast något att uppröras över. Det ingår tyvärr i deras yrke. Det var hur som helst ett rätt idiotiskt löfte att ge. En chans att visa sig god. Eftersmaken blev ganska bitter, får vi hoppas.

Reaktionerna från de som nu ser sin chans att klämma dit Kristersson och Moderaterna har givetvis inte låtit vänta på sig. Gustav Fridolin menar att "man inte ljuger för en förintelseöverlevare". Stefan Löfvén menar att "historiens dom kommer bli hård".

De gamla vanliga antirasterna och annat vänsterblivet folk har givetvis gråtit ut på valfri social plattform. Nu kommer 30-talet tillbaka! Det säger Hédi Fried! Hon vet! För hon var där! Undergången är nära! Göm judarna!

Att använda Hédi Fried som slagträ mot Moderaterna är smaklöst men inte oväntat. Hon låter sig gärna användas. Vid upprepade tillfällen har hon talat och skrivit om att vi alla måste akta oss för både NMR och Sverigedemokraterna. För det "var så det började" på 30-talet.

Här är det ett bra tillfälle att luta sig tillbaka och fundera igenom vad det egentligen är hon säger. Vad det är hon påstår om Sverigedemokraterna, om NMR, om Moderaterna och i förlängningen om dig och mig.

Hon menar, och vi måste komma ihåg att allt tyder på att hon faktiskt menar det på allvar, att om Moderaterna på något sätt hjälper Sverigedemokraterna att få minsta lilla makt så väntar judeutrotning bakom hörnet. Svenskar kommer att stillasittande se på när barn och gamla av judisk börd släpas av svartklädda patruller in i gaskamrarna, där de sakta gasas ihjäl för att sedan eldas upp.

Oerhörda grymheter av alla de slag kommer drabba de judar som är kvar i Sverige. De misshandlas och avrättas på öppen gata. Deras hem och affärer märks ut med judestjärnor. Deras egendom stjäls. Deras folk utrotas. Av svenska staten. Av svenska folket. Av dig och mig.

För "nazist" är så mycket mer än ett skällsord. Det har en betydelse. Det är en anklagelse. Att den som, till exempel, gärna tycker att Moderaterna och Sverigedemokraterna ska samtala för att försöka hindra den värsta gängkriminaliteten i Sverige underlättar, eller till och med kanske stödjer, ett folkmord på judar i Sverige.

Det är, när man tänker på det, oerhört fräckt av Hédi Fried att anklaga oss för detta.

Bästa botemedlet mot detta är att faktiskt lyssna precis på vad det är Hédi Fried säger. Och ge henne svar på tal, även om hon är en 95-årig kvinna. Även om hon är "förintelseöverlevare".

Låt mig för ovanlighetens skull citera allas vår Greta Thunberg: "How dare you?"

Ja, hur kan du med, Hédi Fried? Hur kan du med att baktala det land som du påstår faktiskt räddade dig från att utrotas?

EVA-MARIE OLSSON
10 december 2019

Upp med garden

Den godtrogna svensken måste härda sitt hjärta och inse att minnena från förr bara är minnen. Dagens Sverige är något helt annat än vad det var för bara 30, 40 eller 50 år sedan. Gammal som ung måste se sanningen i vitögat och agera därefter.

Ibland är man så himla lättlurad, medan man vid andra tillfällen är skeptisk och undrande. Det där om att tro på vad man hör har man blivit lärd från barnsben: du ska tala sanning och lita på vad folk säger. Det fanns ju faktiskt, tro det eller ej, tider då det fungerade och var normalt att kunna lita på varandra. Tilliten till grannar och andra medmänniskor var stor, SVT och Sverige Radio var att lita på (mer än nu i alla fall). Men det var då. Numera går man mest hela tiden och misstror det som förmedlas och prånglas ut i etern av producenter som inte ens det minsta lilla försöker dölja sitt eget tyckande och sina egna åsikter. Det som etablissemangsmedia serverar oss är inte ens illa dolt partiskt, utan helt naket och blottlagt partiskt, typ kommunistiska Sovjetunionens maktorgan, tidningen Pravda, som alla ryssar visste var propaganda och lögn, fastän ordet "pravda" betyder sanning.

Vi minns väl fortfarande svensk media som formligen bölade ut och visade sin publik hur de äcklades när Donal Trump vann presidentposten i USA. Så klart har även du uppmärksammat alla dessa nyhetsuppläsare som undan för undan och mer och mer under sjuttiotalet gled över från att proffsigt neutralt rapportera nyheter (visserligen noga utvalda nyheter), till att alla hämningar fallit och inför tv-tittare genom röstläge och minspel visa personligt tyckande. Gammelmedia föraktar "sin publik", rätt och slätt ser man ner på oss som numera genom skattsedeln tvingas betala för dyngan.

I takt med den vansinniga och skadliga politiken med införandet av öppna landsgränser sjunker den sociala tilliten som en sten i vårt land, vi öppnar oftast inte längre vår dörr för okända, vi varnas för stora folksamlingar, mörka platser, träd-dungar, yviga buskage och vi varnas för att stanna och hjälpa strandade bilister. Men, det ligger inte i vår natur att vara så förhärdade att vi tittar bort istället för att hjälpa en medmänniska i nöd. I de allra flesta fall är det inget konstigt och ingen illasinnad baktanke från den som frågar efter vår hjälp, och såklart önskar man för sig själv ifall det uppstår nödläge att det då finns en framsträckt hand.

Sedan har vi det med hur många nitar man gått på, för varje gång man står där med halsen bar och lurad så blir man förhärdad och luttrad. Man får inte vara så urbotad dum och godtrogen så att man går på allt. Garden upp om jag får be, om inte ända upp men så i alla fall nästan helt uppe. Sluta tro på avdöda släktingar i Nigeria som behöver kontouppgifter för att skicka arvet, sluta ge pengar till "döva" zigenare på stan, låt inte irländska tattare asfaltera din uppfart hur enträgna de än är, och för guds skull berätta inte för " försäljande dörrknackande vaktbolag" vilket sorts larm ni har.

Lyssna noga på vad era äldre släktingar säger om vad som händer i deras var-dag, dom berättar kanske om den trevliga mannen som ringde och i luren var så "trevlig så trevlig, han kommer att hälsa på nån dag men minns inte när, han sa han var från Malmö". Våra äldre har helt naturligt sina krämpor att ta hand om, inte allt för sällan upptar sjukdomsprat större delen av samtalsämnena när man träffas, och om det då ringer någon som frågar hur man mår … ja ni fattar. Släpp inte in nån!

Våra barn och ungdomar är sunt godtrogna precis som det ska vara i en god värld, men vi måste varligt informera om den hårda verkligheten, informera om det mång-kulturella samhällets faror. Personer från den äldre svenska stammen är väldigt utsatta och sårbara, de ser och hör dåligt och har väldigt svårt för att förstå att tiden nu är helt annorlunda än för ett litet tag sedan.

Såklart kan man skylla på de äldre att det blev som det blev, godtrogna jo visst men tilliten om att rätt ska vara rätt har följt oss alla och det blev vårt lands förfall. Vi reser oss igen! Lita endast på de personer som älskar ett svenskt Sverige, de som har lojalitet till annat land har inte på maktpositioner att göra, de ska hem!

Min födelsestad Malmö är bedrägeriernas Mecka, ökänd i hela riket. Det svens-ka etablissemanget har blod på sina händer. I veckan som gått fick en bedragare född och uppvuxen i Sverige men med kulturell hemvist i arabiskt land bita i gräset, sörjd av få. Pang så var han död. Den äldre svenska generationen kan inte förstå hur det blev såhär, för de har aldrig röstat för öppna gränser, de har sett till sin familjs välmående och litat på att politiker sköter om vårt land.

Mycket lidande hade kunnat undvikits ifall folk i gemen brytt sig mer, att ge tyngd bakom viljan om ett Återvandringsverk, i samlad trupp kräva att kolossen Migra-tionsverket läggs ner och att aktivisterna i sina tjänstemannabefattningar reser hem, till sina hemländer. I takt med den accelererande invandringen från länder med helt annat tänk om medmänniskor måste vi tills massåtervandringen sätter igång tyvärr skruva på och ha garden uppe.

Vi har fått ett klan-samhälle på halsen som svenska clownpolitiker med makt fortfarande göder och håller om ryggen, korruptionen breder ut sig. Vi som vill annat går en annan väg, vi tyr oss till varandra, vi grupperar och organiserar oss. Omsorgen om varandra är stark i den nationella rörelsen, varje man och varje kvinna har ett ansvar att vara den förändring vi vill se i samhället. Prata med varandra, gå samman tillsammans är vi starka!

HENRIK HANELL
10 december 2019

Staten eller familjen?

Vi måste om och om igen påminna oss själva om vårt eget ansvar i den uppkomna situationen. Vi behöver inte peka finger varje gång, eller dra skuld över att vi inte gjorde annorlunda tidigare. Däremot måste vi inse vad vi ska göra idag. Och hur provocerande det än må vara, så kan vi lära en del av utlänningarna i Sverige.

Minst en gång om dagen får den genomsnittlige svenske mediekonsumenten med största sannolikhet höra klyschan om hur "mångkultur berikar" och att svenskar har mycket att lära av de främmande människor som tagit sig (fortfarande tar sig) till Sverige. Att det är "berikande" med en ökning av vidriga våldsbrott och stadiga kvalitetssänkningar av i stort sett allt i samhället kan varje svensk som vågar öppna ögonen i bästa fall skratta åt. Men vi kan faktiskt lära oss något av de folk som nu mer eller mindre koloniserar delar av Sverige.

För så gott som alla icke-europeiska folkgrupper vilka kommer till vårt land är familj/släkt/klan något ytterst centralt. I dessa kulturer är det den utökade familjens uppgift att uppfylla trygghetsbehovet varje människa har. Ekonomiskt såväl som fysiskt.

När det t ex stundas bröllop bjuder man gärna flera hundra gäster vilka alla förväntas skänka en gåva på några tusenlappar (om pengarna är skattefinansierade bidrag eller inte spelar knappast någon roll för vare sig givaren eller mottagaren av gåvan) och så har brudparet råd att köpa ett, i bästa fall, helt obelånat hem. En fördel ytterst få svenskar har.

Om någon i släkten blir illa behandlad av någon är det inte tu tal om annat än att pappor, bröder och kusiner direkt rycker ut till sin släktings försvar och utan att rädas handgemäng ämnar hämnas den upplevda oförrätten. Det finns inte på kartan för t ex en syriansk släkt att de skulle arrangera en "antirasistisk manifestation" om deras döttrar och systrar blev våldtagna, kränkta eller till och med mördade av svenskar. De skulle starta krig.

Pacificeringen och atomiseringen av det svenska folket hänger tämligen uppenbart ihop med utvecklandet av den svenska, skattefinansierade välfärdsstaten. Den har gjort behovet av gemenskap mellan släkt och folkfränder överflödig. Vi har blivit alltför beroende av bidragsstaten som potentiell försörjare. Det blir helt enkelt så att när man betalar stora summor skatt så vill man gärna kunna få något tillbaka. Vilket i sig är logiskt. Det farliga är att man riskerar att räkna med det som något självklart och evigt. Det är faktiskt inte en Gudagiven rättighet att kunna gå till socialkontoret.

Min sedan många år bortgångne farfar förklarade en gång för mig hur det var förr. Innan försörjningsstöd, bostadsbidrag och liknande existerade gick man till sin släkt i första hand om det blev knapert. I andra hand gick man till vänner eller grannar för att få hjälp. Sista anhalten var organisationer vilka sysslade med välgörenhet, t ex olika kristna samfund.

I en sådan kedja krävs naturligtvis nära band till de man delar såväl biologiskt som kulturellt arv med. Då detta är själva essensen i nationalismen är ett sådant system nödvändigt att ersätta med något annat för den som önskar röja nationalistiska tankar ur vägen, och att det existerar mycket starka globala krafter som inte kan hålla sitt grepp om västerlandet utan att den naturliga nationalismen är undertryckt är något som de flesta av Svegots läsare/lyssnare/tittare är väl medvetna om.

Den moderna bidragsstatens syfte var kanske inte i begynnelsen att skapa människor som skriker efter rättigheter utan att se sina skyldigheter och individer som rapar floskler om "självförverkligande" medan de håvar in bidrag som enda inkomst. Men oavsett dess initiala syfte så är det precis det vi har fått se utvecklas ur välfärdsstaten. Den naturliga, utökade familjen blir obsolet när ansiktslösa myndigheter tar dess plats. Istället för den hemlagade middagen hos kusinen när kassan oförutsett tryter så bör man istället gå till staten.

Detta tankesätt har också skapat en attityd svenskar emellan att den som ber om hjälp av sina släktingar är en snyltare medan den som ber om bidrag gör det rätta. För tänk om man faktiskt ber om hjälp hos familjen. Då kanske familjen vill ha hjälp tillbaka? Nej man vill ju inte stå i skuld till någon (förutom till banken) och då är den skattefinansierade jättepotten av diverse bidrag guld värd då den i sin nuvarande utformning är så gott som kravlös.

Bidragssamhället har alltså skapat en verklighet där vi inte behöver våra närmaste för att överleva och har sålunda effektivt slagit sönder det som skall vara cellerna i den fungerande, naturliga samhällskroppen. Familjerna och släkterna.

Ponera att "välfärdssamhället" så som vi känner det faller, och det lär det med största sannolikhet göra om man med realistiska ögon betraktar Sverige av idag. Då står många svenskar helt utan skyddsnät och lika villrådiga som nackade hönor.

Kulturer som präglas av mycket starkare familjeband än de den moderna svensken idag känner kommer att ha en enorm fördel den dagen systemet rämnar. De vet att de har varandra. De behöver inte ens fråga om de får äta middag hos sin moster eller syssling. Det är en självklarhet. Sina egna tar man hand om, helt enkelt.

Just den insikten är något vi svenskar måste ta till oss av de folkgrupper som inte hör hemma i vårt land men likväl (temporärt får vi hoppas) befinner sig här. Egentligen är det inget vi måste "lära oss" per se för denna självklarhet har varit rådande även bland vårt folk. Tankarna om den utökade familjen, och i förlängningen folket, som ekonomiskt skyddsnät och trygghetsskapande enhet framför statliga myndigheter måste återuppväckas så att de kan omsättas i praktik. Annars har vi inte skuggan av en chans att överleva i den mångkulturella anarki vi riskerar att få på halsen.

DAN ERIKSSON
11 december 2019

Trump utfärdar presidentorder för att stoppa kritik av judar

Med en ny presidentorder, som definierar judarna som en egen ras, slår Donald Trump ett hårt slag mot yttrandefriheten på amerikanska högskolor och universitet, för att skydda judarna och Israel. Än så länge har han inte gjort någonting för att skydda vita studenter.

President Donald Trump kommer idag skriva under en presidentorder för att komma till rätta med det han anser vara antisemitism på landets universitet och högskolor. Den nya lagen innebär att judar inte längre bara klassas som en religiös grupp, utan som en egen ras, vilket ger dem extra skydd av lagen.

Om judarna klassas som en egen ras i amerikansk lagstiftning så får den federala myndigheten möjlighet att dra tillbaka pengar och straffa universitet och högskolor som "diskriminerar judar". Det i sig vore kanske inte så häpnadsväckande, men man meddelar också att definitionen av antisemitism är den som amerikanska utrikesdepartementet antog 2016 och som i sin tur baseras på International Holocaust Remembrance Alliance formuleringar.

Med denna presidentorder slås ett hårt slag mot yttrandefriheten på amerikanska lärosäten, eftersom definitionen av "antisemitism" är så bred och innefattar i stort sett all kritik mot så väl staten Israel som judisk makt. Några exempel ur definitionen, som nu i praktiken blir förbjudet i amerikansk högre utbildning är:

- Att påstå att det finns en judisk konspiration, att judar kontrollerar media, ekonomi, regering eller andra institutioner
- Att ifrågasätta omfattningen eller metoderna under förintelsen
- Att anklaga judar för att vara mer lojala till Israel, eller till andra judar, än till USA.
- Att förneka judarnas rätt till självbestämmande, genom att till exempel påstå att Israels existens är rasistisk.

Att använda symboler eller bilder "med klassisk antisemitism", till exempel att påstå att judarna dödade Jesus eller bär på blodsskuld.

Anledningen till den nya presidentordern ska vara att den Israelkritiska rörelsen B.D.S, som bland annat uppmanar till bojkott av israeliska varor, har vunnit inflytande på amerikanska högskolor och universitet de senare åren.

Lobbyarbetet för en liknande lagändring har pågått i många år från mäktiga grupper och privatpersoner, med allt från judiska Anti-Defamation League till den kristna sionisten Harry Reid. Men det var först när man lyckades få med Trumps judiske svärson Jared Kushner som man nådde ordentliga framgångar.

Än så länge har Donald Trump inte lyft ett finger för att skydda vita studenter från antivita yttranden vilket fått kritiker att hävda att han inte är de vitas president, inte heller det amerikanska folkets president — utan helt enkelt Israels och judarnas president i USA.

MAGNUS SÖDERMAN
11 december 2019

Likt knarkaren som inte får sin fix – svensken rasar mot Com Hem

Telia köpte Bonnier Broadcasting och fick TV4 samt C More med mera. Sedan blev det bråk om rättigheter med Tele2, som äger Com Hem. Nu har Com Hem släckt ner TV4 och C More. Men låt oss lämna striden därhän och fokusera på reaktionerna från populasen. TV-pundaren är nämligen rasande.

Nog är det så att man blir upprörd när man inte får vad man "betalar för". Självklart ska avtal hållas och företag ska uppfylla de förväntningar kunderna har på dem. Kan de inte göra det så ska man kompenseras.

Allt detta är självklart, men det är ändå något som skaver när man tar del av det raseri som drabbat svensken då de inte längre kan få sin dagliga fix av TV4 mm.

De TV-beroende kunderna håller inte tand för tunga när de verbalt sliter Com Hem i stycken. Beroende är rätt ord ty de uppvisar samma desperata ilska som en pundare som saknar sin fix. Kanske tappade han sprutan så den gick sönder; kanske fanns inte langaren på plats. Nu skriker han ut sin vanmakt för han vet att han inte får det han behöver.

"Va fasen håller ni på med? Ni kan ju inte bara släcka ner en massa kanaler för oss! VARFÖR gör ni detta?…"

"Hur tänker ni nu??? Tänker ni på den lilla kunden härute??"

"Hoppas alla era kunder ser till att avsluta sina abonnemang då ni beter er på detta viset, dvs stänga ner en av våra "gratiskanaler" där bl.a. samhällsfunktionerna varnar när något händer o som jag kunnat titta på om inte min hyresvärd låtit er blockera antennuttaget. Helt oacceptabelt att gör så med TV4. Kommer aldrig mer bli kund hos er…."

Och så vidare. Många upprörs också över att detta sker med julen inpå knuten. Till exempel skriver en:

"Riktigt dåligt av er att låta oss kunder bli drabbade i er konflikt. Ni borde tagit emot den så kallade julklappen, fortsatt en förhandling o hållit oss betalande kunder utanför. Dessutom väljer ni att släcka ner inför en kommande storhelg då många får ledigt o har mer fritid att ägna till tv-tittande."

Alla är inte arga och åtskilliga tycker att Com Hem agerar helt rätt gentemot Telia. De gläds åt att ha andra kanaler att titta på. Men åter igen, det är inte den konflikten som är ämnet för dagen. Det jag vill ta fasta på är just detta beroende som uppvisas. Det verkar som att folk inte klarar av vetskapen av att de inte kommer kunna se TV4 eller vad nu C More har att bjuda på.

Extra dålig smak i munnen får man när TV-pundarna drar in julen. Att släckningen sker just nu är sten på börda för dem eftersom julhelgen snart är här. Hur ska de klara av att vara lediga och hemma med familjen utan att "KUNNA SE PÅ TEVE!!!!!!!!" Man riktigt ser hur verkligheten kommer ikapp dem, ögonen spärras upp, händerna vrids och käkarna går upp och ner. Och på äkta svenskt manér tar man till Facebook för att ropa ut sin sorg och vanmakt. "Ordna det här eller så mister nu mig som kund för evigt…".

Det var inte Grinchen som förstörde julen … det var Com Hem.

Det är inte eventuella löften från Com Hem angående kanalutbud som skapar ilskan och när man förstår att det handlar om samma mekanismer som för knarkaren och hans fix så blir det hela olustigt. Folks relation till teven är ohälsosam. Det är uppenbart. Det är ju så att detta kommer att lösas framöver. Förr eller senare kommer alla kunna få tillbaka TV4 i rutan. Tyvärr, kan tilläggas. Livet går vidare och kanske borde de drabbade se detta som en möjlighet att återupptäcka samvaron bortom skärmen?

Visst kan det vara lite läskigt att låta blicken söka sig vid sidan av apparaten som varit central så länge. Vad finns där i hyllan? Kanske ser man någon dammig sak med blad inbundna mellan pärmar, eller en kartong med en text som har ordet "spel" tryckt på sig. Du store tid … det finns en hel värld bortom teven.

Eller inte. Kanske glor man bara hålögd vidare, zappar till en annan kanal (som man fortfarande har) och nöjer sig med vad som än visas där. Precis som att pundaren till sist nöjer sig med något fultjack. Man vänjer sig…

…och julen är räddad för hela familjen.

MAGNUS SÖDERMAN
11 december 2019

Judisk professor till attack mot Svea Livgarde och svensk "militarism"

I en insändare på DN kräver Marian Radetzki att skylten vid Svea Livgarde, som listar insatser där Livgardet deltagit genom åren, måste plockas ned. Så eftersom "den svenska aggressionen skapade ett gränslöst elände".

På Wikipedia berättas att Marian Radetzki är en svensk nationalekonom. I debattartikeln undertecknar han med "invandrare från Polen". Jude är han också och har tidigare lobbat för att avskaffa svenska språket och ersätta det med engelska.

Radetzki anser att Sveriges historia är något att skämmas för. Han menar att skylten snarare "pekar på ett djupt skamligt beteende" och därför måste tas ner. Gustav Adolf den store får en känga, så också Karl XII och hela den svenska stormaktstiden sågas vid fotknölarna av den gamle juden.

Kan tyckas borde krigsinsatserna sättas i sina historiska perspektiv. Det gör inte Marian Radetzki, som menar att Sverige satsade "offantliga resurser på militarism i stället för på konstruktiva civila utvecklingsändamål."

Historiska faktum som att Gustav Adolf den store ärvde sina krig, eller att Sverige anfölls när Karl XII var kung, tar Radetzki inte upp. Menar han kanske att Sverige bara skulle ha kapitulerat? Hur som helst, i hans värld ska det land och folk som välkomnade honom som flykting från kommunismen vid tio års ålder skämmas för sin historia, så till den milda grad att det som påminner om den ska plockas bort från offentligheten.

Glöm det, låter vi hälsa.

MAGNUS SÖDERMAN
12 december 2019

Futtigt motiv till Socialdemokraternas invandringsvurm

När SCB presenterade sin undersökning om partisympatier för november 2019 blev det ännu mer tydligt varför Socialdemokraterna vill hålla gränserna öppna. Och orsaken är futtig.

Vi kan diskutera orsakerna till att så många ändå vill fortsätta med en öppna gränser-politik trots att den negativa påverkan på samhället är uppenbar. Man vill gärna se stora sinistra sammanhang kryddade med en eller annan konspiration. Och sådant bör inte uteslutas. Men i grund och botten är orsakerna – i alla fall för S – helt andra … och därtill väldigt ynkliga.

Jag vet att jag berört detta ämne tidigare. Bland annat i samband med att sossarna hållit "röstskola" för invandrare eller genomfört andra projekt bland utlänningar för att få dem att rösta. Varje gång har de menat att det är för "demokratins skull" och att de inte ägnat sig åt att förmå nämnda utlänningar att lägga en röstsedel med S på i valurnan. Inte ens när man vallade utlänningar från ett informationsmöte om partiet direkt till vallokalen erkände man att man de facto ägnade sig åt valpåverkan.

Undan kommer de också, vilket inte är så konstigt om man betänker hur djupa rötter SAP har i samhället. Hade något annat parti agerat som S gör så hade man stått i kö för att klämma åt dem. Den saken är säker. Socialdemokraternas invandringspolitik har ofta stämts av mot vilka grupper av människor man vill ta hit. Socialistiska flyktingar har alltid föredragits av S och det har inte spelat någon roll om de kommit från Chile eller Iran. Solidariteten var extra stark när invandrargrupperna redan från start var överens med Partiet.

Någonstans djupt inom SAP har man vetat att tiden förr eller senare kommer att rinna ut för dem. I grund och botten kan inte S överleva över tid – inte med mindre än att man reformerar sig totalt. Nya tider kräver nya lösningar, men Partiet klarar inte av att hänga med. Kanske har S den mest verklighetsfrånvända partielit av alla partier. Från Unga Örnar till SSU och vidare upp i partiet vandrar politrukerna, och det märks till sist, varpå väljarna – arbetarna – väljer om då de inte längre känner igen sig. Att SD tagit över snart varje (manlig) arbetarväljare från S är inte förvånande.

Efter hand har dock Partiet varit tvungna att vidga sin solidaritet – i takt med att svensken tröttnat på dem – och sökt nya sätt att säkra sin makt. Lösningen stod att finna i massinvandring. Här såg S en finurlig lösning.

Det var en fråga som alla partier stod bakom (av olika skäl) varför de visste att inflödet skulle fortsätta även om de förlorade regeringsmakten. Enhetsfronten fanns redan och för S del handlade det bara om att låtsas som om de fortfarande värnade arbetaren i sammanhanget; minns Göran Persson och hans varning för "social turism" till exempel. De visste dock att när utlänningarna trampade in över gränserna så skulle de rösta på det parti som var mest generösa med bidragen.

Men inte nog med det. Det sekulära S såg också sin chans att få muslimerna på sin sida. Genom partiorganisationen Tro och Solidaritet, dåvarande Broderskapsrörelsen, slöts ett avtal med Sveriges muslimska råd där S-föreningen helt sonika lovade att hjälpa muslimerna att få inflytande i samhället för att få röster i utbyte. Bland annat åtog man sig att driva igenom följande:

* "Lagstiftning, eller avtal, vad gäller muslimska helgdagar."
* "Imamutbildning, med Högskoleverket och utbildningsministern."
* "Överenskommelser på arbetsplatser avseende fredagsbönen."

Den tidigare socialdemokratiska politikern Carin Hägg (som flyttades ner på riksdagslistan vid valet 2014 efter att hon kritiserat partiets utnämning av Omar Mustafa till partistyrelsen) sa till Expressen i januari 2014 angående partiets långa samarbete med muslimer i Sverige:

– Socialdemokraternas samarbete med islamister handlar om makt, den politiska dagordningen och mandat.

Makt alltså. Det är vad som driver S i frågan.

Deras analys var heller inte fel även om det fortsatt inte går så bra för Partiet just nu. Ett problem är kanske att det tar några år innan utlänningarna som kommer till Sverige får rösta (samt att andra partier också tävlat om invandrarrösterna). S har dock vunnit just den kampen. Om vi vänder åter till SCBs undersökning kan vi nämligen läsa att: "…partiet har ett större stöd bland utrikes födda än bland inrikes födda."

S är det enda partiet som skiljer ut sig tydligt när det gäller detta. Dock vet vi att V och MP också har en stark bas hos utlänningar, men SCB finner inte att det som gäller för S också gäller för dem.

Genom att titta på partisympatierna är det lätt att se hur Sverige är uppdelat politiskt och vilka som röstar hur.

- Hos S är stödet störst bland kvinnor och utlänningar.
- Hos V, MP, C och L är stödet störst bland kvinnor.
- Hos KD finns inga tydliga skillnader.
- Hos SD och M är stödet störst hos svenskar och män.

Med detta i åtanke kan vi vara säkra på några saker. Partierna kommer att göra allt de kan för att behålla och utöka stödet hos sina väljargrupper. Vidare så kommer partierna försöka triangulära väljarna och anpassa sitt budskap för att vinna ytterligare röster (utan att för den sakens skull skrämma bort sin bas).

För sossarna handlar det om att fortsätta lova ut bidrag och hålla gränserna öppna. Den som tror och hoppas att politikerna ska "ta sitt förnuft till fånga" kommer bli besvikna. Det handlar nämligen om makt, inget annat. Och för att få och/eller behålla makten så är vi andra – valboskapen – bara brickor i spelet. Brickor som kan offras.

DANIEL FRÄNDELÖV
12 december 2019

Svenska kyrkan är mycket medveten om hedersproblematiken

En anställd på Svenska kyrkan berättar för en SVT-anställd att asylsökare bör "hålla käft" och inte kritisera Migrationsverket. Det framkommer även att den hedersproblematik som finns på asylboenden är väl känd inom Svenska kyrkan, och att man är mycket medveten om att den är djupt rotad i den arabiska kulturen.

På asylboendet i Spenshult, Sveriges näst största, känner sig kvinnor mycket otrygga. De blir antastade i offentliga utrymmen, män försöker bryta sig in i deras duschar och toaletter. Nedvärderande kommentarer om kvinnornas kläder är vanligt förekommande. Männen missbrukar även alkohol samt tabletter, och detta leder till att "de inte vet vad de gör", enligt en kvinna på boendet.

En av organisationerna som regelbundet besöker Spenshults asylboende är Svenska kyrkan. En av dess medarbetare avrådde en kvinna att medverka i en intervju om otryggheten som SVT Halland gjorde. När SVT ringde upp medarbetaren för att fråga varför han avrått kvinnan var han mycket frispråkig. Han menar att den som har ett asylärende bör "hålla käft" och inte rikta någon kritik mot migrationsverket.

Varför hon bör hålla käft finns det, enligt mannen, lite olika anledningar till. En av dessa är att Migrationsverket kan rikta kritik mot Svenska kyrkans anställda. Mannen hävdar att andra anställda som har arbetat på boendet har blivit portförbjudna efter att ha uttalat sig kritiskt.

Men, det finns allvarligare skäl att inte säga något negativt om situationen på boendet. Det handlar om kvinnornas egen säkerhet. Det finns män på boendet som inte accepterar att ta kritik från en kvinna, ens om det handlar om ofredanden. Det ingår i hederskulturen.

Vilka är då bärare av denna kultur? Enligt medarbetaren är svaret enkelt. Alla araber.

– Alla. Alla flyktingar som är araber eller från de trakterna de lever med hederskulturen. Alla gör det.

Knappast förvånande för den som är insatt i hederskultur. Och knappast heller något som är förvånande för de som arbetar på asylboenden. Däremot är det sällan vi hör det uttryckas så här tydligt. Medarbetaren visste inte att han blev inspelad.

Medarbetaren tycker även att det var fel av de berörda kvinnorna att vända sig till media istället för att "gå över huvudet" på Migrationsverket.

SVT kontaktar kyrkoherden i det aktuella pastoratet för att fråga om Svenska kyrkans syn på vad medarbetaren sagt. Anser Svenska kyrkan att "alla araber lever med en hederkultur"? Givetvis inte.

– Det är ett väldigt generaliserande svar, som kan uppfattas som främlingsfientligt.

Att kvinnor lever under mycket svåra förhållanden på asylboenden är något som till och med gammelmedia tar upp då och då. Det finns inget som tyder på att deras situation blivit bättre. Det mörkas och det tystas. För om man blir allt för tydlig om kvinnornas situation måste man ju även börja fundera på orsaken, och orsaken kan inte bli annat än männen som bor där. Männen och den kultur de för med sig.

Samma män väntar på att släppas ut i samhället där de fortsätter trakassera kvinnor, men då även svenska. Det är ett problem som inte går att integrera bort, det går bara att fysiskt förflytta.

Genom att Svenska kyrkan, som bevisligen har kännedom om vilken syn dessa utländska män har på kvinnors plats i samhället, inte går ut och öppet deklarerar detta blir de medskyldiga till de trakasserier och våldtäkter som utländska män begår mot svenska kvinnor. Det är blod på deras händer.

DANIEL FRÄNDELÖV
12 december 2019

Svenska kyrkan är mycket medveten om hedersproblematiken

En anställd på Svenska kyrkan berättar för en SVT-anställd att asylsökare bör "hålla käft" och inte kritisera Migrationsverket. Det framkommer även att den hedersproblematik som finns på asylboenden är väl känd inom Svenska kyrkan, och att man är mycket medveten om att den är djupt rotad i den arabiska kulturen.

På asylboendet i Spenshult, Sveriges näst största, känner sig kvinnor mycket otrygga. De blir antastade i offentliga utrymmen, män försöker bryta sig in i deras duschar och toaletter. Nedvärderande kommentarer om kvinnornas kläder är vanligt förekommande. Männen missbrukar även alkohol samt tabletter, och detta leder till att "de inte vet vad de gör", enligt en kvinna på boendet.

En av organisationerna som regelbundet besöker Spenshults asylboende är Svenska kyrkan. En av dess medarbetare avrådde en kvinna att medverka i en intervju om otryggheten som SVT Halland gjorde. När SVT ringde upp medarbetaren för att fråga varför han avrått kvinnan var han mycket frispråkig. Han menar att den som har ett asylärende bör "hålla käft" och inte rikta någon kritik mot migrationsverket.

Varför hon bör hålla käft finns det, enligt mannen, lite olika anledningar till. En av dessa är att Migrationsverket kan rikta kritik mot Svenska kyrkans anställda. Mannen hävdar att andra anställda som har arbetat på boendet har blivit portförbjudna efter att ha uttalat sig kritiskt.

Men, det finns allvarligare skäl att inte säga något negativt om situationen på boendet. Det handlar om kvinnornas egen säkerhet. Det finns män på boendet som inte accepterar att ta kritik från en kvinna, ens om det handlar om ofredanden. Det ingår i hederskulturen.

KRISTOFFER HUGIN
13 december 2019

Stoicism: En väg till välbefinnande och styrka

Din inre resa och din personliga utveckling är avgörande inte bara för dig själv, utan för ditt bidrag till vårt gemensamma bästa. Att inta en stoisk hållning till livet kan lägga grunden för en sådan förbättring. Kristoffer Hugin skriver här om stoicismen, och varför vänstern skyr den som pesten.

I dessa tider är det lätt att bli svartpillrad som nationalist. Dåliga nyheter avlöser varandra dagligen i media. Det räcker att man går in på forumet Flashback och kikar då och då; nästan varje vecka startas en tråd om psykisk ohälsa, frustration och uppgivenhet till följd av det moderna samhället. Kommentarsfälten i grupper på Facebook och hos alternativmedier ser lika mörka ut. Det är tydligt att det krävs en förändring i förhållningssätt.

Dagens kultur i hela västvärlden är en offerkultur med marxistiska drag. Alla, utom vita män, är i varierande grad offer för just de vita männen. Är du ett offer så är det per automatik synd om dig och då har du den moraliska rätten att kräva saker av andra. Du ska givetvis aldrig behöva ändra på dig för inget är ditt fel och du duger som du är.

Offerkulturen odlar givetvis psykisk ohälsa hos befolkningen. Att ständigt gå runt och känna sig motarbetad eller förföljd på grund av verkligt eller inbillat förtryck tar givetvis ut sin rätt. Folk mår helt enkelt psykiskt sämre, dels för att de kanske växte upp med orealistiska förväntningar, dels för att de inte lärt sig hantera motgångar. Då är det givetvis lättare att skylla livets svårigheter på omgivningen för att slippa ta eget ansvar. Det är här stoicismen kommer in i bilden.

Stoicism
Stoicism är en filosofi och samtidigt en psykologisk manual för hur man bör se på sig själv och sin egen roll i relation till omgivningen. Den utgår ifrån att du innehar

den största makten över ditt liv, nämligen hur du väljer att reagera på yttre händelser. Den absoluta grunden inom stoicismen är att identifiera följande aspekter av ditt liv:

- Saker du har fullständig kontroll över
  Åsikter, mål, värderingar, karaktär

- Saker du har lite kontroll över
  Impulser, önskningar, ogillande

- Saker du inte har någon kontroll över
  Dödsfall och sjukdom hos andra, politiken, vädret etc

Poängen med att göra denna uppdelning är att du på ett rationellt sätt ska kunna avgöra vad det är värt att lägga din fokus, energi och dina känslor på. Stoicismen är nämligen i grunden en rationell filosofi. Genom att fokusera på rätt saker i livet kan du göra dig själv mer tålig mot livets svårigheter. Dessutom fokuserar du din energi där den gör störst nytta.

Vissa saker har man inget inflytande över, så varför fastna i sorg eller elda upp sig av ilska över sådant du ändå inte kan påverka? Andra saker kan du faktiskt påverka, så varför ignorera detta och skylla på andra? Givetvis är livet komplext och det är sällan så enkelt att saker passar in klockrent i dessa olika kategorier, men det är åtminstone en bra utgångspunkt och ett bra mål att sträva mot.

Stoicismen säger inte att sorg är något som ska undvikas när en älskad går bort – men fastna inte i det förflutna. Acceptera, bearbeta och gå vidare i stället. Likadant med saker du kan påverka – acceptera, analysera, förbättra. Detta blir således en strävan mot perfektion utan att du för den sakens skull varken blir liggandes vid motgångar eller grämer dig för att du inte når målet.

Inte helt förvånande skyr de vänsterblivna stoicismen till en sådan grad att journalister har skrivit om hur farlig den är likt hur de skyr styrketräning. Starka och psykiskt välmående människor tenderar nämligen inte att se sig själva som offer, har högeråsikter och ställer saker och ting till rätta. Stoicismen är trots allt en filosofi som formulerades av de gamla grekerna såsom Epiktetos och Seneca samt Marcus Aurelius av Rom. Den förstnämnda var en slav, den sistnämnda en kejsare. Det visar att stoicismen kan vara till godo för alla oavsett position i samhället. Dessutom ger stoicismen uttryck för en kärna av den europeiska mentaliteten.

Tacksamhet

En annan aspekt av psyket som ger både välbefinnande och styrka är, trots att det låter klyschigt, att känna tacksamhet. Tacksamhet inför vad man har i kontrast till önskningar av det man inte har. Det är så enkelt så det låter banalt, men både människor som gått i terapi så väl som modern forskning har visat dess relevans. Som med det mesta annat har detta en evolutionär grund som har hjälpt oss utveckla och behålla sociala band till varandra.

I det moderna samhället uppmanas vi att hela tiden sträva efter nya mål av materiell art; nästa mobiltelefon, nästa karriärsteg eller nästa pryl som sägs göra oss lyckliga. Till och med nästa partner. Ändå vet de flesta att lycka mer är kopplat till bestående sociala relationer än till ting.

Är man tacksam över vad man har så är det lättare att skifta fokus till mer djupa, eviga värden såsom familj och sociala band. Visst bör vi sträva efter prestation och att uppnå mål, men inom rimliga gränser och mål som faktiskt betyder något. Varje nytt steg av strävan innebär en uppoffring, oftast i form av din tid. Kommer du på din dödsbädd önska att du jobbat mer eller att du borde spenderat mer tid med din familj?

Att hantera livets svårigheter
Sammanfattningsvis så är det inte konstigt att stoicismen utvecklades som en metod att hantera livets svårigheter. Detta är något som många i modern tid har glömt bort. Framförallt dagens unga saknar den resiliens som utmärker en stark människa vilket ligger till grund för psykisk ohälsa. Det är ingen slump att kognitiv beteendeterapi har starka samband med stoicismen, men i brist på en naturlig resiliens krävs terapi och tyvärr ofta även lyckopiller. Bara för att kunna hantera det som kallas livet.

Att vara tacksam för det man har kan även det bidra till en ödmjukhet inför livet och till en positiv hälsa, både fysisk och psykisk. Statusjakt, avundsjuka och fokus på materiella ting i stället för tacksamhet, nära sociala relationer och intimitet leder åt andra hållet och försvagar oss.

Vill du se ett samhälle byggt av starka individer i framtiden, börja då med dig själv och din egen inställning till livet och dess utmaningar. Självinsikt är här A och O, så vänd din blick inåt. Kropp och själ går hand i hand så träna både dina muskler och din hjärna och visa genom handling vägen mot framtiden.

JOHAN SVENSSON
16 december 2019

Babbarnas by

Ali, Jamir och de andra ur flocken huttrar kring elden. De kom till Sverige, inbjudna av den store ledaren som lovade oändliga resurser, kvinnor och lycka. Men något hände. Svenskens hjärta stängdes. Nu lever de ett liv i misär och i ständig skräck. Johan Svensson bjuder denna vecka på en fascinerande framtidsskildring som trots sin råhet nog får en och annan läsare att fyllas med hopp.

Att det kunde vara så förbannat kallt. Innan han kom till det här snötäckta landet visste han inte att det gick att frysa så som han frös nu. Han kunde knappt känna sina fötter i de pälsklädda kängorna. Till råga på allt började mörkret redan att falla. Inte för att det betydde så mycket. Den här tiden på året var det mörkt nästan dygnet runt, så man var tvungen att skynda sig med allt arbete under de få ljusa timmar som fanns. Ali pulsade fram genom den knähöga snön. Han hade varit och vittjat fällorna och fångsten var åter igen mager. Snart skulle han i alla fall vara hemma. Träden tornade upp sig runt honom och han rös, men inte av köld. Skogen. Efter alla dessa år hade han ändå inte vant sig vid skogen; skulle aldrig vänja sig vid den. Den var onaturlig.

Efter ett par minuter kom han fram till skogsbrynet och andades ut när han såg byns palissad. Tempot hade varit ansträngande och nu frös svetten på hans rygg under alla tjocka lager av kläder. Han stannade och vilade en minut innan han vandrade över fältet. Framme vid porten mötte Hassan honom. Det gick knappt att se att det var hans kusin. Hela ansiktet var inlindat i halsdukar. Hassan såg på haren som Ali bar i högerhanden. Han sa ingenting utan vände sig bara om och återvände till vaktkuren vid porten. Hassan satte sig på pallen och svepte vargskinnet runt sig.

Ali gick vidare. Byn bestod av små låga fönsterlösa timmerkojor. Tunna rökplymer stod ur skorstenarna. Vägarna var ojämna och bestod allt som oftast av lera. Det

69

förbannade regnandet och töandet förvandlade jorden till denna hala massa under hösten som vintern sedan frös. Alla snavade hela tiden i vintermörkret.

Som hövding bodde Ali i den största hyddan i mitten av byn. När de såg att han kom gående sprang Muhammed och Amira och mötte honom.

– Far, far, Allah ske pris att du är hemma igen!

– Så, så mina små, jag var bara och hämtade vår middag.

Ali höll triumferande upp haren. Barnen log ansträngt. De behövde inte säga något. Ali hörde vad de tänkte. Hare. Igen. Bara en. Igen.

– Var är er Mor? frågade Ali.

– Hon sitter med de andra vid elden, Far, svarade barnen.

Ali nickade och fortsatte förbi sitt hus. Det lilla torget låg alldeles intill. Det var en öppen plats där byborna samlades runt elden i mitten och lagade sin mat. Det var ganska många runt elden den här eftermiddagen. De var tre hundra som bodde i byn och kanske ett hundratal var här nu. Alis fru reste sig och omfamnade honom när han kom gående. Hon var fortfarande orolig varje gång han gick in i skogen. Även efter alla dessa år. Hemma hade hon oroat sig för djinner i öknen men nu sa hon att hon saknade djinnerna och hade valt dessa framför alla pälsklädda demoner som dolde sig i dessa oändliga skogar. De flådde vant haren och trädde upp den på ett spett vid elden och snurrade djuret. Andra bybor tittade lojt på. Ingen sa mycket.

När familjerna hade ätit kröp de huttrande barnen ihop vid föräldrarnas fötter och det lades pälsar över dem för att hålla värmen.

– Har någon sett Karim? frågade Ali sitt folk.

– Nej, svarade Jafar, chefen över byns vaktstyrka. Ingen har sett honom, o hövding.

Karim försvann när en närliggande by attackerade deras herdar och stal deras renar. Han älskade sina renar lika mycket som han hade älskat sina kameler hemma i Irak och trots att Jafar och de andra ropade efter honom att inte följa efter rövarna hade han försvunnit efter, in i skogen, med sitt granspjut i händerna. Det var en vecka sedan nu. Ali nickade.

– Vi ser honom igen om Allah vill.

Ingen sa något. Tron på den allsmäktige hade minskat rejält i stammen sedan de kom till denna, i mångas mening, gudsförgätna plats. Västerbotten. Det talades tyst om det i byn men talades gjorde det likväl. Att Allah hade övergivit dem. Att han inte fanns i detta frusna ödeland. Att han inte kunde se dem i dessa skogstäckta vidder.

– Far, sa Muhammed sömnigt. Berätta för oss igen om hur vi kom hit.

Blickarna vändes mot Ali som än en gång skulle berätta historien som de alla kände till. Ali tog en klunk renmjölk ur en plastflaska och började tala.

– Det var tjugo år sedan nu. Den man som då var ledare i Sverige, den store Fredrik Reinfeldt, berättade i tidningarna att han hade flugit över sitt land. Han hade sett att där fanns oändliga fält och skogar. Det fanns de som sade att Sverige var fullt, men Reinfeldt tillrättavisade dem. Där fanns gott om plats och fler städer skulle man alltid kunna bygga, ty även resurserna var oändliga. Vi var många som lockades av denna sång. I våra länder fanns bara krig och korruption. Vi hörde talas om det fantastiska landet i norr, där alla hade en iPhone och staten gav dig pengar för att göra ingenting. Vi korsade Medelhavet. Vi vandrade till fots. Vi gömde oss på båtar och i lastbilar. I oräkneliga tusental kom vi till vårt förlovade land, där allt fungerade och alla var rika. Landet där alla hade så mycket pengar att man inte visste vad man skulle göra av dem. Landet där alla delade med sig av vad de hade. Landet där alla hade hjärtan som var öppna. O bröder! O systrar! Detta var en glädjens tid! Vi fick lägenheter. Pengar. Ju fler barn vi skaffade desto mer pengar fick vi. Ingenting krävdes av oss. Om någon inte vill ge oss vad vi ville ha så kallade vi dem bara för rasister och så fick vi det vi eftertraktade. Så fort någon fick så mycket som huvudvärk åkte hela släkten till akutmottagningen. Såg vi en vacker kvinna så tog vi henne. Vi levde som kungar och drottningar.

Det var knäpptyst på torget nu. Det var bara eldens sprakande som hördes.

– Men så hände något. Svenskarnas hjärtan stängdes. Den store ledaren visade sig ha fel. Det fanns inte oändliga resurser. Svenskarna vände sig mot oss. O bröder! O systrar! Detta var en sorgens tid! Återvandringsverkets flyg lyfte kontinuerligt och tog oss tillbaka till våra forna länder. Moskéerna byggdes om till pingishallar. Alla pengar drogs undan från oss och vårt bröd blev magert. Men vi hade inte glömt den store ledarens ord. Att det fanns rikedomar utanför städerna. Tillsammans flydde vi och reste norrut, norrut tills vi slutade förföljas. Längre och längre bort från städerna. Det var stora skaror som tog sig ut i de främmande skogarna. Många dog. Vi blev rivna av björnar, bitna av fästingar och ihjältrampade av älgar. Vargen kom och tog de gamla och svaga. Den första vintern dog hälften av alla oss som var i flykt. Skarorna drog åt olika håll och bildade sina egna byar. Hårt var livet, hård var denna nya skrämmande värld. Nu är blott en handfull av oss kvar. Vi vet inte exakt hur många vi är. Kommunikationerna är brutna. Varje man och kvinna får klara sig själva. Det sägs att det finns hundratals byar likt vår spridda i Norrlands skogar. Kanske är det bara ett tiotal kvar. Men vi är bärare av drömmen. Drömmen vi bär i våra hjärtan. Drömmen om Sverige. Drömmen om att vara erövrare i ett främmande land.

Ali tystnade. Stammen blickade in i elden. Alla var förlorade i sina egna tankar och drömmar. De flesta av barnen hade somnat.

Så hördes plötsligt ett brakande ljud utanför palissaden och med ett vinande dunsade något ner i skenet från elden, studsade och rullade fram mot Jafars fötter. Det var Karims huvud. Den andra byns krigare gav upp ett stridstjut utanför palissaden där de stod bredvid sin katapult. Byns män och kvinnor flög upp, Jafar drog sin machete och vrålade ut order åt männen som grep efter sina vapen och sprang mot byns port. Kvinnorna skyndade mot hyddorna, schasande sina sömndruckna barn framför sig.

Ali satt orörlig kvar framför elden och såg på Karims huvud.

– Jag kan inte låta bli att tänka att allt detta var ett stort misstag, sa han för sig själv där han satt.

Jafar ropade efter honom och han reste sig upp och suckade och drog sin långa krökta kniv från bältet.

– Du har det allt bra du, muttrade han surt åt Karims huvud, innan han vände sig om och skyndade mot porten där stridslarm hördes.

EVA-MARIE OLSSON
17 december 2019

Låt inget stå i vägen för ditt julfirande

Kanske vet inte du heller hur det blir med familjefirandet denna jul. Det finns många skäl till varför en fin tradition kan brytas. Men för den sakens skull får man inte kasta in handduken och ge upp. Se möjligheterna istället, precis som vår krönikör gör.

Kommer barnen hem till jul? Svar på det blir faktiskt att jag inte vet. Jag vet inte ens var mina barn ska fira jul. Har jag då varit en dålig förälder, har jag varit en dålig kulturbärare? Jag tycker inte det. Att ha haft den stora lyckan att bli mamma är stort, att uppfostra och ställa upp för sina barn både i med och motgång är helt naturligt något man självklart bara gör utan att tänka på det. Men, vem vill baka pepparkakor med mig i år?

I tidevarv när politiska åskådningar och åsikter om ett samhälle mer åt det mer svenska och traditionella hållet hånas, och tillika till och med av en del personer anses så fult att det inte längre går att träffas, då bryter vi upp, och slits isär. Vi delar på oss när den där kilen trycks in. Många gånger sker splittring oönskat och är inte något som alla "inblandade" vill utan man finner att de man älskar allra mest mer eller mindre tyst försvinner. Hur blir det då med julklappar?

Tiden går så fort och livet känns alldeles för kort. Hur länge ska man undvika varandra, hinner man träffas innan det är försent med varma kärleksfulla möten i familjens härd så som det var innan, och, vad var det egentligen man var oense om? Känner vi varandra, eller är vi främlingar för varandra? Vad önskar sig de vuxna barnen i julklapp, hämtas barnbarnens skickade klappar ut från poststället?

Julens förberedelser rullar på som vanligt, listor måste skrivas så att allt som man alltid vill ha till jul finns med. Det är så himla mysigt, gott och hemtrevligt med vårt julfirande, vi firar många tillsammans, eller ensamma. Det är inte alltid så "farligt" att vara ensam. Men om man inte gillar det så får man faktiskt bjuda till. Vem vill komma hit, kan vi komma hem till er?

Det duger inte att gå och vänta att bli inbjuden någonstans, man får ta tjuren vid hornen eller julgrisen vid knorren och bjuda till själv. Mitt tips blir att genom sociala medier annonsera om att man finns, och att man vill ha hem gamla eller nya vänner på en stunds traditionellt julfirande, om inte på julafton så i alla fall en stund på "lillejulafton". Vågar Du?

Fram med skinkan och brunkålen, sillen och vörtbrödet, värm glöggen och ställ till med en liten fest för hugade personer, eller varför inte packa ner godsakerna och bege dig (er) hem till någon som nappar på förfrågan och bjuder hem dig. Jag vet att det fungerar för jag och maken gjorde så till midsommar förra året. Här har ni oss ... typ.

Det gäller att inte vara "buskablyg", frågan är fri och var lite lagom galen, kreativ och generös. Om vi inte själv vill ska vi inte sitta ensamma vid våra högtider, så-klart ska vi vara med våra familjer men om det för tillfället inte fungerar av någon konstig onaturlig orsak, då öppnar vi dörren för fler än för Tomten.

DAN ERIKSSON
17 december 2019

Makten avslöjad som korrumperad och ond

Problemet för en korrupt och folkfientlig regim är att den till slut faller samman. Lögnerna som bär dess fundament håller inte i längden, och till slut har det petats så många hål i bygget att bärande väggar kollapsar.

Detta kan vara svårt att uppfatta när man lever i huset, och ännu svårare om man betraktar det utifrån, eftersom det till en början inte alls går så fort som när man ser ett hus helt falla samman. Men det är ju onekligen så att innan huset faller, så har det under lång tid försvagats.

Själva kollapsen brukar bli spektakulär. Det går fort när damm och sten virvlar upp i luften medan rasmassornas öronbedövande ljud drar till sig allas blickar. Precis innan fallet brukar de nya hålen och sprickorna uppstå med ökande intensitet; så till den milda grad att det inte längre hjälper att springa runt och försöka laga med fogmassa, tejp eller murbruk. Hinkarna som ska fånga läckagen från takhålen är sedan länge överfulla. Pengarna för att laga de trasiga fönstren är slut och kartongbitarna och sopsäckarna i dess ställe gör inte sitt jobb under vinterhalvåret.

På samma vis är det med en korrupt regim, där slag efter slag skapar massor av små hål som till slut leder till det totala sammanbrottet. Det är svårt att på förhand avgöra vilket slag mot regimen som till slut får den att falla. Men nog känner vi alla att det knakar ordentligt i fogarna.

BRÅ avslöjade som bedragare under politisk press
Brottsförebyggande rådet, BRÅ, brukar det ofta hänvisas till när statistik kring kriminalitet ska presenteras. Det har i dagarna avslöjats, genom en forskningsrapport från Linköpings universitet, att BRÅ:s rapporter censurerats eller tillrättalagts på grund av politiskt press. En tidigare anställd berättar bland annat:

"Om det var så att resultat inte gillades så blev det censur, tillrättaläggande av resultat, nedtoning av resultat och att man lyfte fram andra delar av en studie som inte var så känsliga eller kunde visa på ett positivt resultat"

En annan tidigare anställd berättar om hur denne blivit kallad till justitiedepartementet som krävde att en rapport skulle "rättas", vilket också gjordes för att resultatet skulle passa den politiska agendan.

Egentligen kommer detta nog inte som en chock för någon som är så pass bevandrad i sakernas tillstånd att hon läser Svegot, men det är nu lätt att konstatera att vi aldrig kan ta uppgifter från BRÅ eller andra av statens uppdragstagare på allvar.

Uppdragsgivaren, alltså staten, är helt enkelt inte intresserad av sann och ofiltrerad fakta, eftersom det vore skadligt för den. Istället har vi politiskt styrd forskning, och eftersom vi inte vet omfattningen av den måste vi alltid utgå ifrån att de siffror staten redovisar är lögn.

Fackpampen hånar dödsoffer och hyllar kriminella invandrargäng
Mats Eriksson är politisk sekreterare hos LO, gift med utrikesministern Ann Linde och en aktiv debattör på Twitter. De senaste dagarna har han gjort ett flertal hårresande uttalanden, även för en sosse. Det är som att masken faller av, som att de inte klarar av att hålla tillbaka ondskan längre.

Efter att journalisten Joakim Lamotte misshandlats, rånats och mordhotats av invandrargäng i Trollhättan, var fackpampen tydlig.

"Om jag tvingas välja så har jag mer sympati för "snorungarna" i Kronogården än för swishtiggaren Lamotte. Så enkelt är det."

Försök ta in vad det är han faktiskt säger. Mer sympati för de som rånar, misshandlar och mordhotar, än för journalisten som försöker rapportera. Det är inte svårt att förstå att det handlar om att Lamottes journalistiska arbete petar hål i hans och hans hustrus korrupta regimbygge, men det är talande för hans desperation att han så oförblommerat skriker ut sitt svenskhat.

Men som det inte vore nog så retweetar, alltså "återpublicerar", han någon dag senare ett inlägg som hånar svensken Kjäll Gustafsson som mördades med machete av utlänningar när han försökte stoppa ett rån. Kjäll hade inte varit död i många timmar när LO:s politiska sekreterare tyckte det var passande att göra sig lustig över hans död.

Självklart uppstod kritik, något som utrikesministerns make slog ifrån sig och istället kallade hånet för "träffsäkert".

Korruption, ondska och en desperat regim

När sådana här saker – avslöjandet om BRÅ:s politiskt förfalskade rapporter och utrikesministerns mans utstuderade svenskhat – sker inom ett så kort tidsintervall blir allt tydligt. Men backar man tillbaka något och betraktar historien ur ett mer övergripande perspektiv, så är den full av sådana här avslöjanden. Kanske har den blivit för bekväm, eller bara desperat i takt med nationalismens enorma framsteg, och därför gör den bort sig med ökande intensitet.

Eller så är det helt enkelt den gamla naturlagen om att väggarna inte håller när hålen blivit tillräckligt många. Och där springer Mats Eriksson med murbruk och justitiedepartementet försöker laga de gapande hålen med gaffatejp.

Till slut hinner man inte med längre, och då gör man ett misstag. Allt är avslöjad, och huset rasar in.

Utanför står de jublande folkmassorna, redo att bygga upp något nytt och starkt som inte baseras på lögner och korruption, utan på nationalism, folkgemenskap och framåtrörelse.

MAGNUS SÖDERMAN
18 december 2019

Vad Kjäll Gustafssons död måste lära oss

Ingen skulle ens tänkt tanken att en julbordssittning i Gislaved skulle kunna sluta med ond bråd död. Att besöka en pizzeria i någon Malmöförort där gängkriget rasar vore en sak, men en restaurang i Gislaved. Men det var precis det som hände och det som hänt säger mycket om vårt land och vårt folk av idag.

När Stefan Löfven sa att "vi" varit naiva så utbröt en veritabel hånkavalkad på sociala medier (och runt såväl matrumsbord som fikabord så klart). Med all rätt kan tilläggas. Men Löfven har rätt, även om han menade något annat än jag. Svensken är fortfarande naiv – alldeles för naiv – även om det går åt rätt håll.

Hade svensken inte varit så naiv som hon är så hade det sett annorlunda ut, den saken är säker. Svensken är orolig och hon ser tecknen överallt, men samtidigt så har hon det rätt bra i sin egen bubbla av arbete, socialt liv, barn och aktiviteter. Det gör att hon håller ut lite till. Vem vill riskera den relativa tryggheten genom att rucka på båten? Och man kan leva så. De flesta kommer kunna leva sina liv utan några större problem. Men rätt som det är går man på julbord i Gislaved ... därtill är man kanske en rekorderlig person som bryr sig om sina medmänniskor och som har en stor portion civilkurage; man är en av de där få människorna som springer i farans riktning, inte bort från den. Då kanske julbordet förvandlas till en skådeplats för hjältemod – och för ond bråd död.

Bristen på reaktioner är upprörande

Kjäll Gustafsson verkar inte ha varit naiv. Ser man till vad han "gillat" på sociala medier verkar det i vart fall som om att han hade en förståelse för vad som händer i Sverige. Därtill tillhörde han den skara män som är utrustad med mod och jävlar anamma. Far, make, farfar eller morfar, styrkelyftare, egen företagare och enligt familjen hade han ett stort hjärta och civilkurage. Han var svensk – han var man. Det var därför han dog på restaurangen i Gislaved. När rånarna stormade in kunde

Kjäll inte annat än att göra det han gjorde, eller som hans bror Stefan säger till Kvällsposten:

– Jag kan inte allt vad som har hänt där inne. Han skulle hjälpa personalen helt enkelt.

Det finns något kargt svenskt över det hela. Inga krusiduller: han skulle hjälpa personalen helt enkelt! Men i Sverige idag lever människor med civilkurage farligt. Att gå emellan när brott sker kan sluta illa. Sällan går det så illa som det gick för Kjäll, vanligare är att man blir misshandlad, eller kanske rånad. Berättelserna om sådana händelser är många. I det sammanhanget är det intressant att politiker kräver en civilkuragelag; att man ska vara tvingad att gripa in. Kanske är det fullkomligt logiskt att de gör det förstås. De har drivit Sverige farligt nära ruinens brant så det enda de har att komma med är tvingande lagar för att vanligt folk ska upprätthålla ordningen systemets knektar inte klarar av.

Men varför är det då så tyst om Kjäll, för det är det. Ingen presskonferens från politiker, inga samlande manifestationer och inga löften om hårdare tag. Visst, i sig känns dylikt platt och konstlat, men det är ett sätt att visa något form av deltagande. Inte ens på Twitter kan jag se några egentliga relationer från makthavare eller alla de som i tid och otid uttrycker medkänsla och deltagande. Och på ledarsidorna är det tyst. Lika tyst som hos de annars så högljudda krönikörerna. Att posthumt ge Kjäll Gustafsson både Serafimermedaljen och Hans Majestät Konungens medalj vore på sin plats. Men hovet håller också tyst.

Det som inte händer säger oss mycket. Det som hände i Gislaved går inte att skruva till för systemets lakejer. Offret var en vit heterosexuell man i sina bästa år och sådana är ju bara till besvär. Hade han tillhört en "minoritet" så hade det varit en annan sak. Det är nämligen så att för politikerpacket och gammelmedias hyenor så är Kjäll inte så mycket värd – vare sig som levande, eller som död.

Farorna lurar överallt
Julbord i Gislaved; promenad med hunden på ängen bakom huset; en kväll på fritidsgården; en dag i skolan. För de flesta av oss är sådana aktiviteter inte förknippade med fara för liv och hälsa. Sluta var naiv, sluta var godtrogen, sluta vara oförberedd. Det som en gång var storstadsfenomen är verklighet överallt. Många har inte hunnit med att komma till insikt med detta. Fortfarande tror man att kravaller i skolan är något som händer på "orten" bara för att sedan se det hände på högstadieskolan i Klippan. Överfallsvåldtäkten som förknippas med en skum tunnel under motorvägen i någon nedgången förort utanför huvudstaden kan lika gärna ske längs traktorstigen i skogen någonstans i Småland. Eller så huggs man till döds under ett julbord i Gislaved.

Det är Sverige idag. Rötan har spridits. Tro inget annat.

Det drar ihop sig till en perfekt storm över Svea. Det samhälle som skapats av det vänsterliberala etablissemanget är sårbart och en fara för varje man, kvinna och barn som lever i det. Att centralmakten och dess media kablar ut budskap om att tryggheten ökar och brottsligheten minskar är lika sant som att massinvandring är en bra affär. Det är propaganda.

Draksådden skördas. Allt färre svenskar är som Kjäll Gustafsson, en person som osjälviskt ställer sig mellan dödlig fara och sina medmänniskor. Det är resultatet av den attack som riktats mot manligheten och de manliga plikterna; mot heder och ära – mot alla traditionella idéer och värden. Och även om man är som Kjäll Gustafsson så är det inte säkert att man framöver låter instinkten ta över.

Är du beredd att offra dig för dina medmänniskor på en restaurang? Kanske ställer du dig mellan en mordisk rånare och en drös flyktingaktivister som är ute och firar den senaste aktionen mot utvisningar av kriminella asylfuskare. Vore det värt det? Jag är inte så säker själv. Det jag däremot är säker på och något som Kjäll Gustafsson genom handling bevisade är att:

Mandom, mod och morske män
Finns i gamla Sverge än,
Kraft i arm och kraft i barm,
Ungdomsvarm i bardalarm.

Altruism med förhinder
Vi är en hel del som är beredda att offra vår bekvämlighet, vår ekonomiska trygghet och kanske våra liv om så krävs. Vi gör det för vår familj utan att blinka. Vi gör det också för vårt land och för vårt folk – vårt folk som helhet i vart fall. Men är vi beredda att göra det för en okänd medmänniska på stan? Eller finns det en risk att tvivlet sätter in när det blir skarpt läge?

Sanningen är ju den att det egna livet inte är värt att riskera för en batikkärring. Inte heller för en dumbom som röstat på V i senaste valet.

Min altruism har förhinder och även om jag har famnen öppen gentemot svenskar i allmänhet så har jag ingen större lust att råka illa ut bara för att jag går emellan om en sosse blir rånad. Alla människor är inte lika mycket värde när man utgår från sig själv.

Det finns två synsätt. Å ena sidan är en osjälvisk hjältemodig handling alltid rätt, oavsett vem eller vilka det räddar. Den handlar nämligen om hjälten i sig, inte konsekvenserna i förlängningen.

Kjäll Gustafssons hjältemod är därför ristat i sten. Men med det sagt kan jag inte hålla något emot den som väljer sina tillfällen. För egen del kan jag nog bara erkänna att jag i första hand är lojal till min stam, mitt folk – till var och en som tillsammans med mig drömmer om och arbetar för det fria Sverige. Utöver dessa så finns det förhinder.

Kjäll Gustafsson var något så ovanligt som en helt osjälvisk hjälte. Låt oss lära av hans död och därigenom ge den en mening.

EVA-MARIE OLSSON
19 december 2019

Gamla vänner vaknar upp – måtte de bara ta ansvar också

Det går fort utför nu och folk man aldrig trodde skulle få huvudet ur sanden vaknar upp och ser sig omkring med förvånad och förskrämd blick. Gott och väl så. Men det gäller att de inte faller tillbaka i gamla mönster utan faktiskt gör något för att förändra till det bättre.

Det där med vänskap genom tider är som det är, vi träffas till exempel under gymnasietiden och har varandra genom livets olika skeenden. År går. Vi träffar våra respektive och bildar familj, barnen kommer och tiden rusar på. Barnen växer så det knakar, och så kom vi snabbt som tusan fram till den där dagen då våra barn som genom ett trollslag blivit vuxna män och kvinnor, som i sin tur bildar familj medan våra egna föräldrar en efter en lämnar detta jordeliv. Ena dagen är man yngst och så kommer man ofrånkomligt till den dag då man befinner sig som den äldsta generationen i sin släkt. Det är livets gång.

Att ha kvar vänner från den tiden då man var "ung och dum" och fräsch som en rosenknoppp är en styrka, och riktigt mäktigt. När vi nuförtiden strålar samman ser vi på varandras ansikten och kroppar att tiden satt sina spår i oss, och som de flesta äldre ventilerar vi allt oftare vilka krämpor som tillstött sedan senast vi sågs. Det är liksom bara så det är. Sen har vi det med samhällsutvecklingen.

Den vanlige svensken har allt som oftast haft som kutym och kännetecken att inte prata om de där känsliga ämnena när man vänner emellan träffas, enligt informella vett- och etikettsregler har vi genom åren nästa hela tiden skickligt undvikit dryfta sådant som pengar, politik och religion; "på fest och kalas ska man undvika snack om pengar, politik och religion, för att förbli vänner"

Och där satt jag i svarta natten i min bil på väg hem – ut på landet – och funderade på att vår senaste träff inte alls liknade någon annan träff i vår mångåriga vänskapshistoria. Mina vänner funderade över till vilket land man kunde fly till (hörde jag rätt?. Det som skett nu såhär i elfte timman är att måttet är rågat. Vi vill inte ha våld, vi vill ha trygghet, rättvisa, vår kultur och logik.

Det som oroar och liksom skaver i hjärtat och själen handlar om att nya grannar är arabiska muslimer och att man äntligen förstått att folkutbytet är i full gång ... när det drabbar en själv. Och såklart, det där som alla pratar om och som får bägaren att rinna över, är de allt mer frekventerade sprängningarna och skjutningarna var som helst i staden, ingen går säker längre. Vi ömmar och oroas över våra barn och för våra små barnbarn, hur ska det gå ... hur ska det sluta?

Ponera att du bor i en villastadsdel i utkanten av Malmö där det finns väldigt många invånare födda på 1930-talet, dessa gamlingar sätter just nu tofflorna, går bort eller rätt och slätt dör en efter en. Från att ha varit en liten svensk villaidyll till att arabiska muslimer gör sin entré just där tog sin tid, men nu sker det. Inget kommer att bli sig likt, att det inte blir sig likt när muslimer gör sin entré bygger på erfarenhet, samt maktelitens vision om en mångkulturell stad (läs arabisk).

Mina vänner vill så väl, vi är som svensken i gemen och önskar alla gott ... men nu var vi näst intill nöjda över att de som aldrig borde fått sätta sin fot i vårt land skjuter ihjäl varandra. Fy tusan vad vi har förråats, vi helt vanliga äldre kvinnor borde mer vara som lugna fina mor- och farmödrar, istället har vi blivit till förbannade och såklart väldigt besvikna svenska kvinnor. Det borde inte vara så. "Hur kan det ha blivit så, och på min arbetsplats (skola) sa ett barn till mig när vi pratade om Advent att julgran och julljus är haram, jag är upprörd ... och sa att i Sverige firar vi Jul, Jesus ankomst ... och inte säger vi att er fastemånad är haram....."

Ni måste ju förstå att svensk kultur är haram för dessa och det finns inte på kartan att de någonsin tar till sig, de har sitt, de tillåts att ha sitt. Vi svenskar är hatade, vi är för dom inte värda någonting. Våra bidrag är bra. Hur kan en muslimsk familj hosta upp dryga sex miljoner för en villa i Malmö? Samtalet gled in på narkotika, vapen, bidragsbrott, samt att vår stad köper villor dyrt och "säljer" dem för en billig peng till "speciellt utvalda personer/familjer". Hur kan detta tillåtas? Politiker med makt trampar på sitt eget folk.

Där satt vi och åt julmat och blev mer och mer förbannade, och ledsna. Vi mumsade i oss sill, lax, ägg, köttbullar, skinka och brunkål, och mellan tuggorna lyftes både det ena och det andra i vår samtid upp. I Malmö serveras sedan några år tillbaka inte fläskkött på förskolorna för det är enklast så. I skolorna serveras fläsk men det är sällan det blir kötträtt då ekonomin är skral, och då blir det för det mesta vegetariskt, eller kyckling.

Vi måste ju inse verkligheten. Inget eller borttaget fläskkött på förskolor kommer såklart att bli inget eller borttaget fläskkött på skolor då de som går på förskola nu

83

kommer upp i skolålder och då är de med fläsk-fri kost i majoritet där, också, en naturlig utveckling med den politik som förs. För så vill vi väl ha det, eller?

Om vi lyckas att greja ett Återvandringsverk klarar vi biffen, fläskkorven, skinkan och bostadssituationen. Vi kommer även att skapa studiero i våra skolor och svenskförståelse på både skolor och på våra förskolor. "Det kommer kanske att bli annorlunda efter valet, vi får se efter valet". Sant, det kommer att bli mycket bättre efter valet, ifall vi röstar fram folk som vill oss och vår svenska kultur väl. Gör det då!

Så satt jag då i bilen på väg hem i svarta natten, det var lugnt och stilla, vägen slingrade sig hemtamt fram mellan de plöjda åkrarna. Mina helljus lyste på rådjur som lojt tittade på mig, jag släppte gasen och undrade vad som härnäst skulle ske, stå stilla där ute i åkern i säkerhet eller springa ut på vägen mot faran.

Rådjuret stod som tur var stilla där den var, den klarade livet och gick hem till sitt och de sina. För mina vänner och för min skull hoppas jag verkligen att de inte kommer att fly utomlands, utan att de istället bosätter sig bland svenskar i Sverige. Jag förväntar mig av mina vänner att de stannar kvar i Sverige, och att de hjälper till med att bygga nytt Sverige tillsammans med fränder. Tillsammans är vi starka!

Vilka bryr vi oss om när grupper ställs mot varandra?

All politik och maktutövning handlar om att prioritera resurserna man förfogar över. Det går inte att komma runt denna sanning. Förvisso försöker politiker och systemtrogna göra det genom att babbla på om "rättigheter" och "lika värde". Men "rättigheter" är inte mer värda än resurserna som delas ut och "lika värde" är en floskel som till intet förpliktigar. Var och en av oss måste välja vilka vi prioriterar.

Kommer du ihåg när politikerna blev som galna när frågan om hur många flyktingar Sverige mäktar med ställdes? Jag minns det som igår och anklagelserna om omänsklighet och rasism slungades mot frågeställaren. "Så kan man inte tala om människor" var svaret. Någon tid senare menade statsministern att vi "varit naiva".

Kistan är inte bottenlös
I Sverige har vi en gemensam skattkista att ösa ur. Skatten tas in och sedan fördelas den av politiker. Deras uppgift är att få det hela att räcka till (och gärna bli över). Pengarna ska gå till sådant som är bra för medborgarna, det är själva grunden i samhällskontraktet. Jag betalar min skatt och får då adekvat sjukvård, rättsväsende, försvar etc. För att hålla ordning på det hela behövs en statsapparat. De flesta av oss kan köpa allt detta och vi har inget emot att betala in en del av våra surt förvärvade stålar.

De flesta av oss är rätt schyssta så går lite av pengarna till att hjälpa människor som hamnat snett att få en drägligare tillvaro (även om det är deras fel helt och hållet), låt gå. Vi upprörs inte nämnvärd om en del av resurserna går till cancervård av storrökare eller hjärtmedicin till en eller annan som ätit sig till en fetma av betydande mått. Inte heller att några kronor per person skickas till folk på andra sidan jorden så de kan få rent vatten bär oss emot.

Men med det sagt så är det ingen vid sina sunda vätskor som tror på den vänster-blivna idén om "allt åt alla". Ju mer skattkistan sinar, desto mer måste vi prioritera. Helt plötsligt är inte alla lika mycket värda – några blev väldigt mycket mindre vär-da. Och det är både rätt och riktigt. För kistan är inte bottenlös och ju mer man ger åt alla, desto snabbare töms den. Snart nog måste man fatta tuffa beslut och några kanske till och med blir utan när nästa giv blir av.

Hur makten prioriterar idag

Det är uppenbart att makten av idag ställer grupp mot grupp. Det sker inom alla om-råden. Vill du forska om mensvärk hos kvinnor utan vagina så har du större chans att få pengar än om du vill forska på kärnfamiljens betydelse för ett sammanhållet samhälle. Makten har nämligen beslutat att det "normbrytande" alltid trumfar det traditionella.

Detta går igen överallt. Minns förslaget om att helt slopa skatten för företagare i "utsatta" områden, medan andra minsann ska betala in så det står härliga till. Att vi har vårdkris, fängelsekris, skolkris och kriskris överallt beror på en enda sak: poli-tikerna fördelar resurserna på ett sätt som skapar underskott och leder till nämnda kris.

Det senaste exemplet i raden är hur Samhall idag sett till att anställa så att mer än hälften av personalen är människor födda utanför Sverige. Ett projekt som en gång i tiden gav svenskar med olika funktionsnedsättningar en meningsfull arbetsge-menskap stänger den dörren och öppnar upp dubbeldörrarna för utlänningar. Kon-sekvenserna för de drabbade är mycket negativa.

Samhall är ett statsägt aktiebolag som valt att prioritera enligt ägarens önskemål. De svagaste svenskarna trängs undan när utlänningarna ska ha sitt. Samma har vi sett inom äldrevården. Kommun efter kommun måste spara, så man sparar på de gamla. De ska ändå dö snart så det räcker med en halv kopp kaffe och lägre tempe-ratur inomhus. Toapappret kan de köpa själva också.

Makten av idag prioriterar utlänningar. Makten av idag prioriterar det som bryter ner samhället.

Nationalistens prioriteringar

Våra motståndare är oärliga. De ljuger om allt och de ljuger hela tiden. Oss lurar de inte så kanske är det för att kunna se sig själva i spegeln de gör det. Vad vet jag. Själv tycker tror jag att ärlighet varar längst och därför kan jag – utan att blinka – konstatera att som nationalist så ställer jag grupp mot grupp och prioriterar dem emellan.

Sverige och svenskarna står alltid främst i kön. Inget som är skadligt för landet eller folket kan någonsin komma på tal. Det är grundläggande. Vi väljer oss själva framför utlänningar från andra sidan jorden och det spelar ingen roll om det är män, kvinnor eller barn. En svensk har alltid företräde; en svenska ska alltid ha företräde. Det är inte svårare än så.

Därtill så vinnlägger vi oss att vara litet mer ömmande för grupper av människor vars röst inte hörs lika högt. Gamla, sjuka och barn samt familjer i besvärliga situationer måste veta att vi finns där. Ja, vi är beredda att till och med låta den mest odugliga av odugliga latmaskar få ett uthärdligt liv i vårt samhälle. Alternativet är inte acceptabelt.

Nationalismens är i allt väsentligt konservativ i värdefrågor, men med en social tanke i grunden. Inte socialistisk, märk väl. Vi erkänner inte alla människors lika värde annat än som ett filosofiskt sofisteri och deklarerar högt att det system som har denna vantro som grund kommer att dra elände över sig själv. Din familj, dina vänner, ditt folk och ditt land är dig kärare och mer värt än allt annat. Och det är inget fel med det. Faktiskt är detta en av Gud given instinkt som vår överlevnad och utveckling är beroende av. Detta är inget att skämmas över.

När grupp ställs mot grupp ställer vi svenskarna först. Och vi ställer de mest utsatta svenskarna främst i ledet. Våra motståndare; politikerna som styr och den regimtrogna fårskocken gör inte det. De sätter utlänningarna främst och anser – även om de inte erkänner det – att svenskar som drabbas ont av detta är ett offer som är acceptabelt. De är – enligt min mening – föraktliga varelser.

Aktiv "barnfrihet" är den västerländska civilisationens dödgrävare

Två kvinnor knappt 30 fyllda framhävs i Expressen där de lägger ut texten om "vinsterna med att välja bort barn". Det "måste" göras för att nå klimatmålen. "Normer" måste brytas. Det hela är absurt.

Det finns människor som inte kan få barn. Det finns människor som kommer på försent att de vill ha barn. Somliga väljer att inte skaffa barn eftersom de har en ärftlig defekt som de inte vill riskera att föra vidare. I varje sådant fall är insikten om barnlösheten sorglig för de drabbade och jag känner med dem.

Andra förkroppsligar dock den onda tid vi lever i när de propagerar för "barnfrihet".

Ett själviskt och ideologiskt beslut
Det vore ärligare om Malou Gudmundsson och Frida Walström som hänvisar till "miljövinsterna med att välja bort barn" istället erkände själva grundorsaken för sig själva: en kombination av själviskhet och feministisk doktrin. Allt ett resultat av den moderna världen. De vill inte ha barn, svårare än så är det inte.

Förvisso är de inte helt okunniga om detta och Malou säger själv i Expressen:

– För mig var det delvis ett feministiskt val att vara barnfri, för det verkar vara helt omöjligt att behålla jämställdheten i ett heteroäktenskap med barn.

Också Frida visar att hon någonstans inser detta då hon säger:

– Jag tänkte att detta med att skaffa barn var något man bara måste göra, även om det verkade tråkigt. Men så lärde jag för fyra år sedan känna Malou, som så tydligt valde barnfrihet. Då bestämde min man och jag oss för att tänka på saken ett år. Vi landade i att ingen av oss ville ha barn.

Feministisk ideologi och lättja … sedan hittar man ursäkter för att verka duktig och omtänksam. In träder klimatet.

Vitas barnlöshet spelar ingen roll för klimatet

Som om det vore så att människans miljöpåverkan upphörde om vita kvinnor i väst helt slutade bli mödrar. Det är bottenlöst korkat. De vita folken utgör långt färre än 10 procent av jordens totala befolkning. Av dessa är vita kvinnor i ålder att de kan bära och föda barn (eller yngre) kanske två procent. Så, då var Malous och Fridas argument sönderslagna.

Men även om de har rätt så är deras lösning fel, farlig och förrädisk. På grund av den enorma befolkningsökning som sker (överallt utom bland de vita folken) så går vi mot en framtid där det kommer bli strid om resurserna. Välsignade som vi är lever i vi i samhällen som kommer klara detta ganska bra, om vi vill. Men sådana som Malou och Frida är femtekolonnare och de arbetar aktivt mot sitt eget folk, ja mot dina och mina barns framtid.

Västerlandet befinner sig mitt upp i en demografisk katastrof med födslotal som är mycket oroväckande. Därtill sker en massinvandring av främmande folk vilka fyller det tomrum som uppstår, eftersom den politiska och ekonomiska makten kräver ständig tillväxt och nya producenter och konsumenter att mata världsordningen med. Det har inget med klimatet att göra. Skulle varje vit västerländsk kvinna sluta föda barn och istället bli som Malou och Frida (som driver reklamfirma i Stockholm) så betyder det inget annat än att våra vita folk upphör att existera inom sisådär 100 år. Resten av världen kommer gå på som vanligt.

Frida och Malou – västerlandets dödgrävare

Hur avskyvärda jag än finner Frida och Malous tankar så står det dem fritt att ha dem. Men de ska inte stå oemotsagda. Inte heller ska vi dra oss för att klart och tydligt konstatera att om deras idéer blev allmängiltiga så skulle det innebära slutet på den europeiska civilisationen och de vita folken på vår jord. Det är vad de argumenterar för.

De är inte ensamma om det. Under årtionden har vi – de europeiska folken på jorden – varit utsatta för attacker som syftar till att på sikt få oss att begå kollektiv självmord (eller i vart fall kraftigt förminska vår numerär). De två världskrigen var förödande; den fria aborten, kvinnans "frigörelse", feminismen, kriget mot vår kristna tro, atomiseringen, själviskheten, urbaniseringen och så vidare har i princip skjutit oss i sank.

Istället för att vara lojal mot det egna folket och mot den civilisation som skapat det mesta vi ser omkring oss är inte längre självklart, snarare tvärt om för många. Förvisso är extremister som Frida och Malou än så länge undantag, men är det något den som varit med ett tag vet så är det att just dessa aparta undantag med tiden får fäste. De faktum att gammelmedia mer än gärna återkommer med artiklar om hur bra det är att inte ha barn är bara ett led i normaliseringen av detta suicidala beteende.

Men kanske är det lika bra

Att gilla läget är viktigt. Att veta vad man kan påverka och vad man inte kan göra något åt är viktigt. I den situation som vi befinner oss (oppositionen alltså) är det nödvändigt. Vi kan alltid tala ut mot idioti – det ska vi göra. Vi kan påtala lögner och felaktigheter. Vi kan däremot inte förmå Malou och Frida att ändra sig. De är förlorade till en världsordning som förkläder sitt bottenlösa mörker på samma sätt som Satan ibland träder fram som en lysande vacker ängel.

Kanske är det så att vår räddning till sist visar sig vara att våra motståndare faktiskt lever som de lär. Frida och Malou kommer inte sätta barn till världen som de sedan kan leda vilse. Sammalunda alla andra som agerar på samma sätt som de gör. Därtill vet vi att traditionella män och kvinnor lever tryggare och sundare liv … med flera barn. Medan de progressiva dödar sin avkomma i livmodern eller helt sonika ser till så att de inte kan få barn, så gör vi tvärt om. Visst, de gör vad de kan för att komma åt och påverka alla unga sinnen, men det kan vi kontra. Kort sagt försvagar de sig själva genom att leva efter sin ideologi. Vi däremot, nationalisterna, blir starkare av det.

Med insikten om att det är minoriteter som avgör framtiden, där den starkaste, smartaste och mest dugliga minoriteten till sist tar hem spelat så kan vi känna hopp och förtröstan. Inte heller behöver vi oroa oss över det extrema underläge vi befinner oss i som folk. Det är inte bra, så klart. Det är oroväckande, naturligtvis. Men historien lär oss också att vi – de europeiska folken – när vi väl bestämmer oss – kan resa oss och segra. Det kommer dröja tills vi återtar vår rättmätiga plats i skapelsen. Men den dagen kommer, kanske delvis tack vare att sådana som Malou och Frida (och deras föraktliga ursäkter till "män") inte sätter barn till världen.

JOHAN SVENSSON
21 december 2019

En julsaga

Egon hatar julen. Egon hatar sitt liv. Inget har blivit som han hade tänkt sig och nu har han fått sparken till råga på allt. Men efter ett möte med en lång, skäggig man tänds ett hopp i Egon. Saker kanske ordnar sig trots allt? En modern julsaga med ett klassiskt budskap, från allas vår Johan Svensson.

Egon Karlsson kände sig bitter över att ha blivit av med sitt jobb en vecka innan julafton. Arbetet på lagret var både tungt och tråkigt men det hade i alla fall varit en inkomstkälla. Han drog upp kragen på sin jacka där han gick hemåt i regnet. Hösten hade varit vidrig. Oktober och november hade passerat i ett grått töcken med iskalla skyfall. Tidningar och radio rapporterade om översvämmade källare, åar och floder som flöt över sina bräddar och att brunnar i innerstäderna var överbelastade.

Kampanj: Prova Svegot Plus i en månad för bara 9 kronor
I kväll regnade det alltså igen. Egon körde ner händerna i jackans fickor och försökte trycka ner sin hals i kragen så mycket det var möj. Vattnet rann genom hans hår och ner i ansiktet och droppade till sist från näsan där han gick.

Han tänkte på pengar igen. Efter att bemanningsföretaget tagit sin del var det inte så mycket kvar åt Egon. Nu var det ännu mindre. Det knöt sig i magen när han tänkte på julen. Den skulle, i brist på bättre ord, firas hemma i lägenheten med hans mamma. Hon gillade inte julen. Det gjorde inte Egon heller. Det hade inte alltid varit så. Egon kunde fortfarande minnas när hans pappa bodde tillsammans med dem hemma i villan. Där hade de firat fina jular när Egon var liten. Men det var många år sedan nu. När hans föräldrar skilde sig, pappa flyttade utomlands och hans mamma flyttade in i lägenheten hade julen bytt karaktär till något nödvändigt ont. Lite pliktskyldiga dekorationer och färdiglagad julmat från Willys. Julaftnarna var mest plågsamma. TV:n på i bakgrunden och samma tystnad som vanligt mellan Egon och hans mor.

Egon. Han hatade det namnet. Hade alltid hatat det. Han kunde inte förstå att hans föräldrar kunnat döpa honom till något så fult. För ungefär ett år sedan hade han tagit mod till sig vid middagsbordet och sagt till sin mamma att han tänkte byta namn. Hon hade lugnt svarat att det kunde han glömma så länge han bodde hemma hos henne. Där hade den diskussionen startat och avslutats. Egon. Ett namn han blivit både retad och slagen för under sin skolgång. Nu var det som det var och det var hans namn att bära och han hade inte orkat tänka på att byta det.

Jul hemma. Med mamma. Bleka prinskorvar, håglös skinka och den där jävla rödkålen. Mamma hade alltid kokat egen rödkål när de bodde i huset och det hade luktat underbart men efter att de flyttat till lägenheten hade hon köpt Felix rödkål på burk. Egon kunde fortfarande minnas alla juleljus och doften av varm rödkål som samsades med lukten från hyacinterna som pappa fyllde huset med under julen. En doft av en förlorad barndom ackompanjerad av föräldrarnas alla julskivor på vinyl. Egon undrade vart alla de skivorna och vinylspelaren tagit vägen men hade aldrig frågat sin mor.

Gatlyktorna och butikernas julskyltning speglade sig i gatans alla pölar. Han passerade gymmet som låg ett stenkast från lägenheten. Genom de stora glasrutorna kunde han se folk inne i värmen som tränade, lyfte, svettades och kämpade mot julbordens kalorier. En kamp som Egon bara kunde drömma om.

Han stannade under skärmtaket vid gymmets entré och tog upp sin plånbok. En tjuga. Tjugo kronor. På bankkontot såg det inte mycket gladare ut. God jul, Egon.

En gatupratare stod vid ingången och förkunnade att man kunde "TRÄNA GRATIS UNDER RESTEN AV DECEMBER OCH BETALA 100 KR PER MÅNAD JANUARI T O M MARS" och först efter det betala full avgift. Att kunna gå till gymmet fick fortsätta att vara en dröm. Något mer än en bok kunde han inte räkna med att få i julklapp av sin mamma. Han begärde inte mer heller. Han visste att kommunen inte betalade några generösa löner.

Det var två plusgrader ute och regnet sög värmen ur kroppen. Det var rätt behagligt att stå under skärmtaket. När folk gick i dörren kom pustar av värme ut och regnet kunde inte nå honom. Egon hade ingen lust att gå hem. Han ville inte berätta för mamma att han blivit av med jobbet. Inte för att hon skulle bli arg eller ledsen, utan för att han visste att hon inte skulle röra en min och bara sucka och återgå till vad hon än höll på med. Han orkade inte med den sucken.

Men här kunde han inte heller stå. Tjejen i gymmets reception, en ung och söt och säkerligen vältränad blondin, tittade konstigt på honom där han stod efter några minuter och han blev så förlägen att han klev ut i regnet igen. Han kände sig som en luffare. Motvilligt gick han hemåt i regnet. På ett rent infall styrde han stegen in i parken som låg ett kvarter hemifrån. Det var mörkt och blött men han kände sig inte otrygg, för ingen annan var ute i parken i det här vädret. Ett par hundra meter in fanns det en gammal dansbana. Han gick upp de tre trappstegen och vidare bort till scenen där han klev upp och satte sig på en gammal träbänk under taket. Hit brukade de gå när han var yngre och röka och dricka folköl med sina kompisar. För gamla för fritidsgården men för unga för krogen. Dessutom hade ingen av dem pengar att gå på krogen för i vilket fall.

Egon lutade sig bakåt mot väggen, suckade och drog handen genom håret. Här kunde han sitta och hämta andan till dess att han kände sig redo att gå hem och möta sin mor. Hade han riktig tur hade hon kanske till och med somnat när han kom hem.

– Kallt i kväll, sa en röst till vänster om honom plötsligt.

Egon flög upp och skrek.

– Vadihelvete vemedu? Jävla idiot!

Ett stilla skrockande hördes ur mörkret. En tändare lyste upp ett fårat ansikte när personen tände sin pipa. Pipan var gammal och böjd och det samma kunde sägas om gubben. Toppen, tänkte Egon, jag ville bara var i fred och nu sitter någon gammal jävla haschpundare här. Gubben puffade på sin pipa och blåste ut stora rökmoln. Men det doftade inte av hasch. Det doftade… kryddigt. Som kardemumma, saffran och nejlikor. Och tobak. Gubben betraktade Egon och sög på sin pipa. Emellanåt rann röken ut mellan hans mungipor och hängde i luften kring dem. Egons hjärta bultade fortfarande med dubbelslag men han kände sig lite lugnare nu. Gubben verkade harmlös.

I det svaga ljuset från parkens gatubelysning kunde Egon studera mannen närmare nu när chocken lagt sig. Han hade långt grått hår i en hästsvans och ett långt grått skägg. Ansiktet var fårat och smalt med skarpa drag och ena ögat var märkligt insjunket. Det andra ögat glittrade i mörkret. Han hade på sig en lång ullrock och ullbyxor, rejäla skinnstövlar och hade en filt virad runt sig.

– Förlåt, sa Egon. Det var inte meningen att skrika på dig.

– Det var heller inte meningen att skrämma dig, sa mannen. Hans röst var märkligt djup och behaglig.

Egon var lite osäker på vad han skulle säga och det var som att mannen kunde läsa hans tankar.

– Berätta för mig vad som tynger dig pojk', sa mannen.

– Hur vet du att något tynger mig, frågade Egon?

– Om inget tyngde dig skulle du väl inte vara här ensam i kväll i det här vädret, genmälde mannen.

Egon var osäker på vad han skulle svara. Det var så konstigt. Det var som att mannen hade suttit här och väntat på honom. Till sin förvåning gick inte Egon därifrån utan svarade honom.

– Jag har blivit av med mitt jobb. Jag har inga pengar. Jag hatar julen. Jag vet inte vad jag ska ta mig till.

Orden kom som en chock för Egon. Varför berättade han detta för en främling? Gubben släppte honom inte med blicken medan han pratade och nickade efter att han hasplat ur sig orden.

– Är det inte värre än så?

– Inte värre än så, exploderade Egon! Vad fan vet du om att ha det jävligt?

Egon snurrade runt och drog upp kragen och var på väg att kliva ner från scenen. Det hade ändå slutat regna. Varför skulle han stanna med den här gamla dåren?

– Sätt dig.

Mannen höjde inte rösten. Han ändrade inte sin ton. Men det var ord som inte tålde att motsägas. Egon stannade i steget, vände sig om och innan han förstod vad som hände hade han sjunkit ner på sin forna plats. Mannen reste sig upp. Samtidigt reste sig två hundar som legat bredvid honom i mörkret. Egon ryckte till. Han hade inte sett djuren. Stora hundar. Det måste vara schäfrar, tänkte Egon. Eller såna där slädhundar? Mannen noterade Egons rörelse.

– Du är väl inte rädd, frågade han?

– Nä, svarade Egon och ljög.

– De är inte farliga, sa mannen.

Egon kunde se att han hade haft fel. Mannen må ha varit gammal, men krokig och böjd var han inte. När han nu stod i sin fulla prakt framför Egon kunde han se att den gamle mannen var rak i ryggen, bred över axlarna och lång. Väldigt lång. Han måste vara över två meter, tänkte Egon förundrat. Händerna var stora och grova och höll i byxans breda läderbälte. Filten som mannen var insvept i satt fäst i ett metallspänne över bröstet. En mantel, tänkte Egon förvånat.

– Hör på pojk, sa mannen. Livet ter sig så här. Det är inte rättvist. Han tittade ner på

Egon. Du tycker att livet har varit hårt mot dig, inte sant?

Egon nickade.

– Så här är det, fortsatte mannen. Ödet ger oss våra förutsättningar. Det är olika från människa till människa. Men det spelar ingen roll. Inte över tid. Vad som spelar roll är hur vi tar oss fram genom livet och hur vi hanterar de förutsättningar vi blivit givna.

Hade någon annan sagt detta till Egon så hade han himlat med ögonen. Men det var något med mannens ton. Något som fick Egon att sitta still och lyssna och ta det han sa på allvar.

– Med alla motgångar du varit med om i ditt liv så är det en sak du måste förstå. Du har inte fått så mycket gratis. Men det betyder också att alla segrar kommer att vara dina. Det du lyckas med kommer ha varit tack vare dig själv. Tack vare din egen styrka och klokskap. Men du förstår väl också vad detta innebär på den andra sidan av myntet?

– Att alla mina misslyckanden är mina egna, hörde Egon sig själv svara.

– Så är det, sa mannen. Du äger dina segrar men du äger även dina misslyckanden.

– Så det är ingen mening att skylla på någon annan, sa Egon. Han tänkte på sin far. Främlingen som ringde honom två gånger per år.

– Just så, sa mannen. Han tystnade och betraktade lugnt Egon med sitt glittrande öga, med pipan i mungipan. Snö hade börjat falla i parken.

– Vem är du egentligen? frågade Egon. Mannen svarade inte.

– Är du jultomten, frågade Egon? Det hettade till på hans kinder. Varför ställde han en så idiotisk fråga?

Mannen svarade inte. Han tittade ut i luften och strök sig fundersamt över sitt skägg och puffade på sin pipa.

– Ja, jo, det är väl ett namn jag har haft, sa han till sist.

Egon satt tyst. Vad skulle han tro? Svaret hade inte förvånat honom. Det i sig var förvånande.

– Det är dags för mig att vandra vidare, sa mannen och knackade ur sin pipa mot stövelns klack.

Han stoppade pipan i en rockficka och såg ner på Egon som blygt slog ner blicken.

– Det var bara en sak till, sa mannen.

Så böjde han sig ner tills hans ansikte var i jämnhöjd med Egons och kanske bara en handsbredd från det. Egon blundade instinktivt. Så andades mannen på honom. Hans andetag var varmt och doftade märkligt behagligt av piptobak och kryddor. Andedräkten omslöt Egon och dröjde sig kvar kring honom. Den gamle mannen rätade på sig.

– God kväll, Egon, och god juletid till dig. Egon nickade stumt till svar.

Mannen plockade en bredbrättad hatt från bänken och tog en vandringsstav som stod lutad mot väggen i mörkret. Han nickade mot Egon, satte hatten på huvudet och klev ut på dansbanan där snön virvlade i den lätta brisen och lade sig på brädorna. Hundarna följde efter. De var mycket stora och grå och rörde sig nästan ljudlöst. Mannen gick iväg och försvann in i parkens skuggor tillsammans med sina hundar.

Kvar fanns bara tystnaden. Ljudet av fallande snö. Egon visste inte hur länge han suttit kvar när han till sist reste sig upp. Han frös inte längre och både han och hans kläder var torra. Snön hade redan täckt mannens och hundarnas spår. Fanns han ens här, undrade Egon? Han mådde så märkligt. Fast bra. Han kände sig lätt i både kroppen som hade värkt av arbetet och sinnet som hade värkt av oro. Egon gick genom parken och kom ut på gatan igen.

Folket i staden hastade inte längre fram genom regnet, utan gick storögda genom snöfallet med lyfta ansikten, många med breda leenden. Intill parken låg den lokala ICA-butiken. Egon tänkte på tjugan i sin plånbok och funderade på om han skulle unna sig en varm choklad i automaten i förbutiken. Egon tog upp sin plånbok och såg ner på sina 520 kronor. 520? Han stod tyst och stirrade ner i plånboken. Bredvid tjugan låg en femhundralapp som han kunde svära på inte fanns där tidigare. Så vände han på klacken och gick tillbaka ner för gatan.

Gymmets värme var skön. Den unga blondinen i receptionen stod kvar. Hon hade en tomteluva på sig. Hon log när Egon kom in.

– Hej, kan jag hjälpa dig med något?

– Ja, svarade Egon, jag skulle vilja bli medlem. Gratis i december och så tre hundra för januari till mars?

– Javisst, sa tjejen. Sedan är det fullt månadspris efter det.

– Det löser sig, sa Egon och visste att det var sant.

Egon gav henne sedeln, fyllde i papperna och såg att tjejen tittade på honom när hon trodde att han inte såg.

– Så, då är jag klar, sa Egon.

– Vad bra... Egon, sa tjejen när hon tittade igenom hans papper.

– Ett boomernamn, jag vet, sa Egon.

Tjejen fnissade och log. Deras händer rörde vid varandra när hon lämnade tillbaka en tvåhundralapp.

Hon hade tandställning och därtill ett litet underbett. Det gjorde inget. Egon tyckte att det bara gjorde henne ännu finare. Mer verklig på något sätt. Han läste på namnskylten på hennes bröst.

– Vi ses Fredrika, sa Egon och log tillbaka.

När han gick ut kunde han se i glasdörrarnas reflektioner att hon följde honom med blicken.

På vägen hem stannade han utanför ICA-butiken och tog upp sin telefon. Fingrarna drog över den spruckna skärmen. Han gick in och handlade ett rödkålshuvud, vinäger, ljus sirap, lagerblad och en liten påse med kryddnejlikor. När han gick hem mot lägenheten med varorna i en påse kände han sig konstig. Men på ett bra sätt. Det skulle bli en fin jul. Det visste han. Egon gick hemåt och hans fotspår fylldes tyst av den virvlande snön som föll från himlen.

MAGNUS SÖDERMAN
23 december 2019

Vänstern attackerade julspel i Frankrike

Tänk att du tar med dig familjen för att besöka ett julspel. Jesusbarnet i krubban, Josef och Maria och åsnan är där. Det är en helig stämning och en tradition från 1223. Men så händer det. Hatet, våldet och hotet i form av vänsteraktivister dyker upp. Välkommen till Toulouse den 14 december i år.

Julspelet var i full gång när antifascister började göra väsen av sig. Först ropade de bara antikristna slagord blandade med hot mot föräldrar och barn om att "krossa fascisterna" och så vidare. En far som sa ifrån medan han vakade över sina små blev spottad på av en vänsteraktivist. En frilansjournalist som bevakade händelsen attackerades och fick sin kamera sönderslagen.

Arrangörerna tvingades ställa in julspelet eftersom de inte kunde garantera barnens säkerhet. Polis fanns på plats men något resolut agerande från dem verkar det inte ha varit tal om. Efter att torget evakuerats utbröt ett större slagsmål mellan vaktpersonal och vänsteraktivister.

Förvånad? Var inte det

Du är okunnig om du förvånas över att vänstern ger sig på ett kristet julspel där barn finns. Det är precis det de gör och det har alltid varit vänsterns arbetssätt. Har de makten separerar de mer än gärna barn från deras föräldrar eftersom de anser att staten är bättre att ta hand om de små. Har de inflytande över samhällsinstitutionerna är det alltid barnen som finns i blickfånget när deras samhällsexperiment genomförs. Och deras rödgardister som ibland kallas autonoma är inte sämre de. De drar sig inte för något.

Det kristna är för dem en dödlig fiende. Därför riktar de mer än gärna sitt hat och sin avsky mot kristna. I Sverige behövs det inte särskilt ofta, eftersom kristna sällan gör väsen av sig och Svenska kyrkan snarare är allierade med vänstern än upprätthållare av någon genuin kristen tro och lära. I länder som Tyskland, Frankrike, Spanien, Italien är det annorlunda. I USA sker det också, men där är de kristna ofta av ett annat virke med en mer militant tro i ryggsäcken.

Det som hände i Toulouse den 14 december var precis vad som var att vänta av vänstern. Deras hat mot Europa, våra traditioner och kristna familjer med starka värderingar går inte att ta miste på. Precis som de gjort genom historien skulle de mer än gärna skjuta de vuxna i bakhuvudet och släpa iväg barnen till en skola underställd Partiet.

Var inte naiv – begrip vad det handlar om
Vänstern är våld och tvång. I Sverige har vänstern bitit sig fast och blivit en del av samhället, så till den milda grad att arkitekterna bakom mycket av våldet blir professorer anlitade av regeringen eller hyllade med pris av medievärlden. I ena handen har de en penna, i anrda en gatsten eller brandbomb. Och de kommer undan med det.

Den "anständiga högern" vägrar som vanligt fördöma, tala klarspråk eller samla sig till motvärn. Det får bara fortgå och medan tiden går anammar de vänsterns idéer mer och mer (KD i Pride är ett lysande exempel). Inte för att vänstern tar dem till nåder. Är du inte en av dem så är det Gulag eller arkebusering som väntar.

Att man använder blodröda flaggor är ingen slump. Folkens blod är vänsterns livselixir; när barn skräms från vettet och goda familjefäder spottas och hånas, då går de igång – från "demokratiska socialisters" till den extremaste bolsjeviken.

Fortsättning följer
I Sverige är den vänster som visade upp sig i Toulouse i en svacka just nu. Det kommer ändra sig. Idéerna finns där, drömmen om den slutgiltiga uppgörelsen då familjen, folket, nationen och traditionen till sist krossas och utplånas.

Det är och har alltid varit deras mål. Idag står vi inför flera olika hot mot oss; ett krackelerande samhälle såväl som svenskfientlig dominansbrottslighet. Dessa hot får dock inte göra så vi glömmer bort den röda faran som alltjämt lurar. Den är lika verklig nu som förut och bara för att vi i Sverige för tillfället är relativt förskonade, så finns det inget som säger att det inte kommer att ändra sig. Om (när) det sker så få du inte ha minsta tvekan inför vad som måste göras.

EVA-MARIE OLOSSON
23 december 2019

Bland män, möss, apekatter och hyenor

Hamnar du i djungeln så är det djungelns lag som råder. Antingen förstår man det och svarar upp mot utmaningen, eller så gör man det inte. Men väljer man alternativ två så ska man inte förvånas över att djungeln fortsätter vara en djungel. Vill du komma levande ur djungeln så måste du gilla läget och göra vad som krävs.

Min lilla gullegris, du flänger runt som en apekatt, kvick som en vessla är du och listig som en räv. Men, titta där, de där borta beter sig som hyenor, titta nu, nu går de till attack som en flock babianer mot en ensam stackare, jisses nu hoppar aporna … ursäkta, jag menar de maskerade "ungdomarna" hoppar runt på bilarna, bryter loss antenner och backspeglar precis som aporna på safari gjorde då vi var i Afrika förrförra året.

Nej! Nu knuffar flocken omkull en ensam man, han som dom vrålade jätte jätte fula ord åt … helvete … där bet en apa av ett öra och kolla där, nu hoppar apflocken, jag menar de hoppar verkligen, flera gånger på huvudet där han ligger omkullknuffad. Där flög en flaska förbi … och bangers … sten efter sten efter sten.

Alltså min lilla gullegris, nu är det detta som gäller: gå aldrig ut utan oss din mamma och pappa, vi ska skydda dig, här som vi bor är en ond vild och våldsam plats, det är vildar som vrålar och jagar i flock där ute på torget. Du, vi tar och flyttar, vi måste det. Våra vänner har redan flyttat till lugnare ställen. Vi flyttar från AB Sverige till Sverige; jag menar vi flyttar till en plats där det inte finns apor och hyenor utan endast små gulliga grisar och mjuka kattungar, jag menar där det finns små kära töser och pågar, dit flyttar vi.

Ni förstår kanske vart jag vill komma med denna djuriska inledning? låt mig förklara. Det är inget konstigt alls att se likheter mellan oss och övriga djur, för när

100

vissa skuttar som små harar eller lufsar som björnar då är andra dumma som åsnor och likställer sig själv med apor på cirkus, men, vill få det att låta som om någon helt annan sa det fast han inte sa det.

"Aftonbladet skriver att jag åkte dit och framställde dem som apor på en cirkus. Sanningen är att det jobbet skötte de väldigt bra själva, utan min hjälp. För övrigt har jag aldrig sett apor på cirkus bete sig så illa som de kriminella killarna i Kronogården"

Och någon annan är i detta fall den frilansande journalisten Joakim Lamotte. Han var på besök där polis abdikerat. Han var och hälsade på i Trollhättan, och jag minns när jag var liten och fick följa med mormor till Trollhättan där hennes yngre bror bodde, så trevligt där var då. Det kan bli så igen.

Hur som. Så klart har denna frilansande journalist inte alls i sina livesändningar (och inte annars heller) jämfört de skrikiga, skräniga ap- och hyenaliknade attackerande verbalt underutvecklade kriminella främlingarna i våra stadsdelar runt om i Sverige som djur, det har dom gjort själv. Genom sitt agerande har till och med dom själva nu insett vad de liknar. Apor i flock.

Må pk-etablissemanget få stora skälvan, må de "politiskt korrekta" darra och skälva när vi säger som det är. "Köksbordssamtalen" finns mitt ute bland oss, vänner och grannar emellan, till och med främmande vildingar vet vilka de i sina sämsta vardagliga stunder liknar. Sug på den karamellen.

Vi är väl några som fortfarande minns då när vi hade polis som var på plats i invandrarkravaller i Malmö/Rosengård, den gången handlade det om att bomma igen och stänga ner källarmoskéer. Reaktionen i Malmöstadsdelen lät inte vänta på sig. De olycksaliga tillbakahållna svenska poliserna i sin piketbuss där de befann sig mitt i den aggressiva utländskt ursinniga folksamlingen, polistjänstemännen lät i stunden och i dödsfruktan uttala det förbjudna: "Apedjävlar".

Det har flutit mycket vatten under broarna sedan Rosengårdskravallerna och politiska polisen har lärt sig, man backar, stryker medhårs, ger tillstånd för böneutrop, när det inte hjälpte med att grilla halalkorv bjuder man istället på pizza parallellt som man jagar gamla svenska tanter som har åsikter om den förda invandringspolitiken, det blir lugnast så. Så bygger man ett orättvist, våldsamt och svenskfientligt land.

Svensk politikeradel vill oss ont. Lystna blickar kastas på valboskapen bland de nya invånarna i de ghettoiserade stadsdelarna, partiet är prioritet nummer ett. Ge oss era röster och vi ger er våra barns land! Sveriges och svenskarnas välmående kommer långt ner på prioriteringslistan. Tänk ifall svenska folket hade förstått vilken makt vi besitter, vill vi ha annorlunda då ser vi till att det sker. Det vore

101

tacknämligt ifall vi slutar att bete oss som sömngångare och intar ett mer offensivt förhållningssätt. Se om ditt hus, se till dina fränders väl och ve, vänd det rådande AB Sverige ryggen.

På det sätt vi kan samlar vi oss, vi förenar oss i föreningar som har vårt bästa för ögonen. Det duger inte att spjärna emot som en envis åsna, för oss och för kommande generationer måste vi visa framfötterna. Man eller mus? Jo jag vet, jag är en kvinna men man eller mus passar här.

JOHAN SVENSSON
23 december 2019

Julsånger för dissidenter

Juletider är tider att sjunga tillsammans. Och har man tröttnat på de gamla vanliga julsångerna kan man med fördel sjunga Johan Svenssons versioner. Kanske bäst att vänta tills barnen gått och lagt sig dock, om man inte vill tvingas förklara vad en "tott" är och varför Mark Zuckerbergs näsform är rolig att sjunga om.

Vad kan vara bättre för att komma i julstämning än ett par härliga julsånger? Ta lite glögg, sjung upp dig och stäm sedan in i Det Fria Sveriges kör!

I kölvattnet av #skampatrullen kan vi väl ta och starta med en visa som alla kan sjunga med i. Ja om du inte är en skamlös tott förstås, din lilla hetär. Det går fint att vara traditionell i tal, men i praktiken ska det knäppas upp, skrevas och fläkas ut till allsköns dreglande runkgubbars beskådan på ett härligt progressivt och modernt sätt. Strunt i barnen, de blir bergis bara stolta över sin starka och självsäkra mor. (Klagomål från vitriddare mailas till: kontakt@svegot.se).

Hej tottegummor (melodi: Hej tomtegubbar)

> Hej tottegummor puta munnen och låt oss frigjorda vara
> Hej tottegummor puta munnen och låt oss frigjorda vara
> I denna tid vi leva här och vi tänker inte leva som vi lär
> Hej tottegummor snorta kokset och låt oss frigjorda vara

Så där, det gick ju fint. Nu tycker jag att vi ska skänka vår stackars statsminister en tanke. Han har det inte så lätt just nu med Agenda-intervjuer, misstroendeförklaringar och allt. Det skjuts, sprängs och eldas bilar så att det står härliga till. Men ingen fara. Stefan har koll på läget. Det är bara lite socioekonomiska faktorer som råkar ställa till det.

Stefan hade en ministär (melodi: Staffan var en stalledräng)

Stefan hade en ministär
Vi tackom nu så lagom
Den ledde landet till misär
Allt för den röda fanan
Ingen ljusning synes än,
bränderna mot himmelen de blänka

Hastigt lägges locket på
Vi tackom nu så lagom
Till orsaken för kollapsen – så!
Allt för den röda fanan
Ingen ljusning synes än,
bränderna mot himmelen de blänka

Käpphästen socioekonomi
Vi tackom nu så lagom
Den rider Stefan vida kring
Allt för den röda fanan
Ingen ljusning synes än,
bränderna mot himmelen de blänka

Apropå tomtar så sjunger vi en sång till våra vänsterblivna vänner i Silicon Valley också. De gillar inte våra åsikter och vi gillar inte deras. Alla dessa digitala rättvisekrigare vill helst att vi ska förvinna från deras ansiktsböcker, kvitter, dutuber och allt vad de heter. I väntan på egna alternativ rider vi tigern så länge det går. Tally-ho!

Vi zuckar (melodi: Tre pepparkaksgubbar)

Vi zuckar, vi zuckar dig från vårt nätverk
för du har, för du har brutit vårt regelverk
Så goda, så goda vi är på vår fejsbok
och du får inte säga att Marks näsa har en krok

Våra nätverk, våra nätverk från dal av silikon
de ger oss, de ger oss en mäktig megafon
Du vet inte riktigt när det kan bli din tur
att drabbas av vår godhet och åka på censur

Sist men inte minst får vi väl tillägna våra små turturduvor Ulf och Jimmie våra lyckönskningar och ett par textrader. Det är så fint att de äntligen har hittat varandra. Grattis pojkar och lycka till.

Jag såg Uffe kyssa Jimmie (melodi: Jag såg mamma kyssa tomten)

Jag såg Uffe kyssa Jimmie jag
Tänk om Reinfeldt hade kommit då
Vi får se i Demoskop
Om deras kärlekshoroskop
Blir något som håller till valet tjugotjugotvå

Och då fick Wolodarski hjärtinfarkt
Och kvetcha' sida upp och sida ner
Förgäves äro all hans slit
För jag såg att det var
Jimmie Uffe kysste på kanslit

God jul på er allihopa!

EVA-MARIE OLSSON
24 december 2019

Jag önskar dig en härlig jul

God Jul på er, och gör nu allt det där goda och mysiga som du brukar göra. Ge blanka hundan i dystergökar som genom sina dumma påståenden och kulturföraktande utspel gör allt vad de kan för att få dig att tveka om våra traditioner.

Till exempel i lördags då programledaren i SR-produktionen Ring så spelar vi ställer frågan: "Tycker du det är roligt eller är det ett tvång med Jul?" I telefon hade Sveriges Radio en dalmas på tråden, och han svarade tryggt att han gillade julen. Så kunde man slappna av där man satt vid frukostbordet. Vi tycker det är roligt med julen.

Hur kan man bara komma på tanken att våra älskade traditioner skulle vara ett "tvång", något har på riktigt gått snett när den frågan slungas ut i etern. Vad är vi som folk om vi inte har något, om vi inte genom vår uppväxt får till livs vår kultur och våra traditioner. Tänk tanken om vi inte hade något, inte någon skillnad, inga berättelser eller fester och högtider, utan varje dag var den andra lik år ut och år in.

I alla tider har alla folk haft något att samlas kring, nutidsmänniskan är inte speciellt ny utan vi är alla bärare av vad som skapats för länge sedan. Hur i alla sina dar skulle traditioner ens kunna vara "tvång". Goda traditioner för man vidare med glädje till de yngre, de flesta av oss skulle aldrig kunna tänka sig att göra annorlunda utan vi mår bra av att göra julen såsom vi älskade att ha det när vi var små.

– Var så goda, smaka en pepparkaka, nej nej ni får inte gå utan att ha smakat något av våra gotter för går ni utan att smaka då tar ni julen ur huset. Och så håller vi på, vi håller på traditionerna. Det städas i vinklar och vrår, det letas i vind och i källare reda på allt det där pyntet som man håller kärt. Mycket har man köpt själv, eller pysslat ihop med barnen när de var små, och en del kommer kanske från föräldrahemmet och minns om när man själv för en sådär 100 år var barn.

Mera jul, pynta på hej och hå, baka och griljera, men, ibland kan man falla för att förenkla och dra in på en del av de där kakorna som "måste" finnas till jul. Minns den där gången som jag rationaliserade bort en chokladrulltårta med smörkräm blandat med cocktailbär och rom. Dottern som skulle hämta upp julegotter kom upp från matkällaren besviken som bara den kan bli som är en riktig hängiven julälskare. Jag lovade skamset att aldrig låta bli att baka det som är jul för oss.

Jag kommer även ihåg, då dottern efter hon flyttat hemifrån kom hem och tillsammans med lillebror och pyntade om. Jag hade å det grövsta "underpyntat", enligt henne. Så blev det så att näst intill allt kom fram och upp på bord, väggar och valv. Mor i stugan fick än en gång backning då det inte finns något som är lagom, utan mycket jul ska det vara.

Sen går tiden och det kan inte hjälpas, något går ur tiden. Hos oss har grisatassar gjort sorti, inget som saknas men när jag nu sitter här och tänker på grisens fötter kommer jag även att tänka på min kära mormor. Jag hade önskat att jag än mer än vad jag gjorde tog tillfället i akt att lära mig av den äldre generationen.

Min mormor hon kunde laga mat hon, att ta hand om en slaktad gris var inget konstigt alls, såklart kokte och griljerade hon grisatassarna med van hand. Jag har som barn och ung kvinnan tittat på hur mormor gjorde när hon krafsade och sköljde grisfötterna mellan tårna för att dessa sedan sakta koktes i saltat vatten med några lagerblad och pepparkorn. Sen var det grishuvudets tur att hamna i grytan, färdigkokt plockades köttet ur och lades i en skål där köttet pressades till sylta. Gott!

Brunkål kära vänner, den måste finnas på ett skånskt julbord, rödkål äter vi till Mårten Gås i november, och grönkål är inget som en skåning förstår sig på. Sen fortsätter vi med rökt lax, löksill, julanjovis, ål, leverkorv, sylta, rödbetssallad, gräddost, köttbullar, prinskorv, skinka, senap, vörtbröd, lutfisk med senapssås och till efterrätt risgrynsgröt med saftsås,.....koka rejält med gröt så att det blir över till juldagen för det behövs till Ris à la Malta med hallon eller körsbärssås. Snåla inte med vispgrädden. Hoppsan jag höll på att glömma, Jansson!

Vi äter och vi myser som allra mest till jul, sen när den härliga julen är över då körs den ut av Knut, men innan dess laddar vi om med Nyårsfest. Livet kan vara en fest, det blir vad man gör det till och skämmes SR som ställer idiotisk fråga om "jultvång" vi kan ju kontra med en annan fråga: Tycker du det är roligt eller ett tvång med Sveriges Radio?

Men gott folk strunta i folk och kulturföraktande gammelmedie-programledare, nu öser vi på med allt vi tycker är gott och härligt såhär i juletid.

Vad spelar några nedrivna pappersflaggor för roll egentligen?

SVTs julvärd Marianne Mörck rev ned de svenska flaggorna som prydde julgranen i studion. Detta eftersom hon ville klä sin drömgran under kvällens lopp. Många har reagerat med ilska över detta. Andra menar att den reaktionen bevisar hur farliga "nationalextremister" är.

Det har gått långt i ett land om inte alla reagerar med ilska när landets flagga behandlas med förakt. Flaggan förenar folket under en gemensam symbol – inte bara de levande utan också de döda såväl som alla framtida svenskar.

Speciellt i Sverige, som har en av världens äldsta flaggor, borde det vara självklart att respektera flaggan och vad den symboliserar (till och med internationalistiska socialdemokrater har svenska flaggan i sina tåg på första maj). Att inte fler reagerar med bestörtning och ilska efter Mörks tilltag på bästa sändningstid är ett tecken i tiden och efterspelet visar hur djupt splittrad nationen Sverige är.

Marianne Mörck förklarar själv i direktsändning att hennes pappa alltid ville ha svenska flaggor i granen när hon var liten. Pappan var sjöman och för honom var det viktigt med Sverige av allt att döma. Hon berättar innan hon river bort flaggorna ur granen:

– Det skulle vara svenska flaggor i den och en svensk flagga i toppen. Svenska flaggan hela tiden. Och så var det när pappa kom hem för en gångs skull, flaggor och flaggor, och jag som hade gjort änglar. Jag fick inte sätta i dem, det var bara flaggor.

Nu ska jag inte döma Marianne men jag undrar … om min far var ute på de sju haven och därför borta från familjen under långa perioder, så hade jag antagligen varit jätteglad över att ha honom hemma på julen. Därför skulle jag också ha fina minnen kopplade till den gran han klädde. Kanske var Marianne Mörks agerande bara en

70-årings sena uppgörelse med sin far. Om så var det ett särskilt dåligt tillfälle att göra det på. Etter värre när det inbegrep att förringa vår svenska flagga.

Nu måste vi dock förstå att det som händer i SVTs program inte händer av en slump. Det var ingen slump att julgranen – dagen till ära – var prydd med de svenska flaggorna. Det var uttänkt och överenskommet från början. Marianne Mörck fick ge igen och SVTs kunde slå ännu ett slag för den överordnade agenda som under senare tid blivit klar och tydlig för alla att se. Somliga såg det långt tidigare.

Christopher Jolin gav ut boken Vänstervridningen: hot mot demokratin i Sverige 1972, 1976 boken Sverige nästa? Och 1982 Varför vi inte kan lita på massmedia. Samtliga behandlar hur vänstern infiltrerat svensk radio och TV. Kom inte och säg att vi inte varnades. Att vi, 40 år senare, läser undersökningar om att SVTs medarbetare i princip bara röstar på S, V och MP bevisar det många av oss alltid vetat. Att svenska flaggan revs ned precis innan det var dags för Kalle Anka på julafton följer ett mönster.

I sammanhanget är det inte underligt att en figur som Gösta Hultén, tidigare redaktör för tidningen Medborgarrätt och reporter på Sveriges Radio använder reaktionerna på Mörcks agerande som ett slagträ mot nationalister. Han twittrade:

”Marianne Mörck är ’landsförrädare.’ Ge henne sparken. ’Vi lägger ner hela SVT’ så snart vi kommer till makten. Detta för några pappersflaggor i en julgran! Förstår ni nu va dessa trångsynta nationalextremister kan göra om de kommer till makten!”

För sådana som honom (just den typ Jolin skrev om) har livsverket varit att föra fram sin vänsteragenda; antingen genom diverse skattefinansierade projekt eller genom arbetet på public service. Dessa internationalister kan inte förstå att svenska flaggan har ett värde över huvud taget. Han ser bara ”några pappersflaggor”, utan värde och utan betydelse. Och han är inte ensam.

Men många svenskar ser så mycket mer än ”några pappersflaggor”: vi ser ännu en förnedrade handling mot vårt land och vårt folk från SVT; vi ser föraktet mot nationen lysa igenom och hatet mot allt svenskt – på bästa sändningstid på den dag som för många svenska är mest kär. Vi ser hur inget är för heligt för att dras i smutsen och förringas … ”några pappersflaggor”.

Det underliga är inte att folk reagerade. Det sorgliga är att det inte var fler som gjorde det. Men det visar å andra sidan bara hur polariserad vår tid är. Vi behöver inte skruva tillbaka tiden många år för att det skulle vara otänkbart för den breda allmänheten att någon betedde sig så ovärdigt som Marianne Mörck och SVT gjorde.

Det är också värt att notera att i tider då vi ska akta oss för att kränka folk så är det fritt fram att kränka var och en som ser ett värde i ”några pappersflaggor”; närmare bestämt en väldigt stor del av det svenska folket. Och om dessa därtill – i affekt för-visso – uttrycker sin indignation över att SVT trampar på en så viktig symbol som svenska flagga, så ska det i sig ses som ett tecken på hur "extrema" och "farliga" de är. De extrema i sammanhanget är inte svenskarna som kräver att deras flagga ska respekteras. Nej, de extrema är SVT, Marianne Mörck och Gösta Hultén. De farliga är alla svenskar som inte bryr sig om vare sig folk eller land. Tro inget annat.

MAGNUS SÖDERMAN
27 december 2019

Med en podd om bajs slutar deras årtionde

Vissa nyheter man stöter på när gammelmedia levererar är mer passande än andra. Till exempel så Expressens artikeln om "Bajspodden".

När nu tiotalet går mot sitt slut och man försöker sammanfatta all tid som passerat kommer oväntad hjälp från kloakerna (läs. gammelmedia). Lita på dem att alltid kunna klämma ur sig något som gestaltar samtidens dårskap. De känner sina läsare och vet att det infantila alltid ger bra respons.

De flesta av oss går igenom en kiss-och-bajs-fas som barn. Därefter är vi klara med det och går vidare. Precis som med alla kroppsutsöndringar är det något privat som man berör om man tror något är fel … och då oftast med en expert på området.

Dock lever vi i en såpass barnslig och tillbakabildad tid att fascinationen för kroppens olika utsöndringar populariseras och ska vridas och vändas på. Glöm inte att vi ska prata om mens; mycket om mens: vid köksbordet, i skolan och på arbetsplatsen. Dotter, mor, mormor och gammelmormor ska berätta menshistorier och alla ska lyssna. Till och med staten finner fascinationen så stor att skattemedel skjuts till.

När väl byxorna är nere finns det ingen hejd och Expressen hjälper gärna till att snoka vidare. Bland artiklar om skjutningar och bombdåd i vårt land, eller om kungligheter och allmänt skvaller får vi ta del av de två 30-åriga Lidingötjejerna Lovisa Falk och Helena Aspgren som driver "Bajspodden".

Det är två brudar med ett uppdrag:

– Vi vill få folk att börja prata mer om det. Det ska inte vara pinsamt att bajsa. Att säga "jag går och bajsar nu" ska inte vara någonting konstigt, desto mer man pratar om det ju mer kommer man inte tycka att det är en grej till slut.

Själva anser de sig göra en samhällsgärning.

Jag känner precis som du när du läser detta. Ett stort frågetecken tornar upp sig och man skakar lätt på huvudet. Det hela är jättekonstigt. En "succé" ska podden blivit också. Jag betvivlar det icke.

Det är tidsandan mina vänner. Detta är hur 2010-talet kröns: med en krona av fekalier. Efter att min initiala fas av att klia mig i huvudet gick över så slog det mig. Det var otroligt passande i sammanhanget. Det säger som mycket om dem. Och mycket om oss. Vi rör oss i så skilda världar att vi snart kommit till punkten där vi ser på dem som människan ser på apan (och så vidare, ni som läst er Nietzsche känner igen er). Att aspirera på övermänniskan idag kräver inte mycket.

Såhär i 2010-talets sista skälvande timmar är det tydligt vilka vägval som finns. På vår kant har vi kunnat se en professionalisering överlag. Oppositionen blir bättre och mer seriös. Den tar upp svårare frågor, fördjupar dem och har en levande diskussion. Visioner formuleras och börjar förverkligas. En kulturell renässans pågår där det bästa av igår appliceras på det bästa av idag för att finna ut det bästa för i morgon. Det är härligt att se.

Hos dem, däremot, är det en annan taktpinne som gäller. Det fula, osköna och snuskiga omhuldas. Dumheten applåderas och känslor är allt som räknas. Faktan skyr man. Gammal visdom kastas på skräphögen. De går gemensamt ner i underjorden för att förena sig med troglodyterna.

För varje dag som går blir jag mer och mer beslutsam om två saker. Först och främst, att göra allt som står i min makt för att jag själv och alla jag bryr mig om ska fortsätta vägen framåt och uppåt. Motstånd mot den moderna världen görs genom att inte vara en del av den mer än nödvändigt och att, därtill, försöka att inte påverkas negativt av den. För det andra; att mitt folk – det svenska folket – inte är alla som är födda i Sverige av svenskar, som talar samma språk som jag och till det yttre på alla sätt liknar mig. Nej, det krävs mer. Mycket mer.

Att inse det är att kasta av sig en börda. Borta är den futila idéen om att försöka "rädda alla" och få dem att förstå. Den båten har seglat. Den är inte längre intressant. Vi är påväg åt rätt håll. Våra motståndare väljer självmant att spola ned sig i kloakerna. Där hör de också hemma och vi spiller inga tårar på dem.

DANIEL FRÄNDELÖV
27 december 2019

Jag lämnar bitterheten bakom mig inför 2020

När vi lämnar ett helt decennium bakom oss och rakryggat kliver in i det ovanligt framtidsdoftande 20-talet är det naturligt att reflektera över de år som gått. Då är det lätt att se hur mycket som har förändrats till det bättre. Men jag får erkänna att alla dessa framsteg för oss ändå lämnar en bitter eftersmak.

Jag minns inte längre exakt när allt började. Jag vet att jag som nykläckt och nyvaken politisk dissident kände mig oerhört ensam, vilsen och ledsen. Via ett telefonsamtal till "Länsman" blev jag plötsligt en av de oppositionella rösterna i Sverige. Ingen var mer förvånad än jag. Och på det spåret har det fortsatt, via Radio Länsman till Ingrid och Conrad och nu hela vägen till Det fria Sverige och Svegot.

Även om min "karriär" (i brist på bättre ord) är väldigt kort jämfört med andras så är det ändå runt sju år framför mikrofonen som har passerat. Det är en ganska lång tid. En lång tid av ett konstigt liv. Ett liv i ständig ilska, oro, opposition och frustration, men även en tid av hopp, glädje, nya kontakter och en känsla av att faktiskt vara delaktig i något större. Något som försöker förhindra förstörelsen av Sverige. En liten men ganska högljudd kugge i ett större maskineri, ett maskineri bestående av idealister. Människor som frivilligt går ut i offentligheten och vågar säga det de tycker, och som betalar ett högt pris för detta. Det är en maskin jag är stolt att vara en del av.

Jag minns så väl känslan där i början. Det fanns något oerhört viktigt att säga. En sanning om underhållits från det svenska folket allt för länge. Det mycket enkla faktum att den massinvandring som Sverige tillåter är oerhört skadlig. Ju längre tiden gick desto fler problem dök upp. Från en tanke om att "de som sköter sig får stanna" till insikten om att det inte går att blanda skilda folkgrupper och kulturer. Det har alltid blivit en katastrof. Det kommer alltid vara så. Det är en naturlag, som

113

likt gravitationen eller kärnkrafterna bryr sig om hur människor skulle önska att det var. Sanningen kräver att man ser den i vitögat även om det inte alltid är behagligt.

Åren gick och vår sida växte allt mer. Lyssnarna blev fler och så även de olika alternativa mediekanalerna. Trots att man givetvis levde (och lever) i en oppositionell bubbla så var det tydligt att vårt budskap spreds och allt fler tog det till sig. Till och med de gamla medierna slutade efter ett tag att helt mörka sanningen och började så sakta rapportera mer sanningsenligt.

Nu, i slutet på år 2019 finns det så pass mycket välproducerad och mångfacetterad fri media i Sverige att den som vill utan problem kan sysselsätta sig dagarna i ända med att lyssna på sådana som vill Sverige väl. Där är Sverige troligen bäst i världen.

Jag sitter och skriver detta på övervåningen i Svenskarnas Hus. Brevid mig sitter Magnus Söderman. Jag promenerade hit från det stora huset jag hyr. Det tog tre minuter.

Det är en tanke som fortfarande inte riktigt har landat i mig. Jag sitter i Svenskarnas Hus. Det fria Sveriges hus. Vårt alldeles egna som vi kan utnyttja bäst vi vill. Och utnyttjat det har vi. Hundratals, om inte tusentals, besök under det gångna året. Oräkneliga handslag, vänskapsband, diskussioner och skratt. Allt tack vare huset, och huset har vi tack vare våra medlemmar. 2019 har varit ett viktigt år.

Som jag redan varit inne på har även budkavlen om vad som är på väg att hända med Sverige spridits allt snabbare. Då jag för första gången nervöst harklade mig i telefonen var det ett oerhört socialt stigma att påstå att Sverigedemokraterna hade minsta lilla rätt. Det är det fortfarande i vissa kretsar men partiet är nu största parti i flera opinionsmätningar. Även om det givetvis finns en hel del kritik att rikta mot SD så är det ett sunt tecken i tiden. Det går framåt, om än något stapplande. Kanske inte helt olikt ett mycket målmedvetet fyllo så rör sig de goda krafterna framåt, lite åt sidan, ibland några steg bakåt, men mätt över tid är det en tydlig framåtförflyttning.

Så varför då denna bitterhet? Varför är inte mitt bröst fyllt med glädje och stolthet över det jag varit en del av att skapa?

Det är faktiskt nära knutet till just våra framgångar. Till den budkavel som allt fler nu har läst och förstått. Överallt, i alla sociala medier, ploppar de upp som svampar ur marken. De som har förstått. De som insett. De som vill föra budkaveln vidare. Stefan Löfvén är dum i huvudet. Islam är farligt. Invandringen måste begränsas. Skatten är för hög. Åsiktsdiktaturen måste bort. SVT är vänstervinklad propaganda.

Det är sunda tankar, givetvis. Och även korrekta. Men dessa uppvaknanden ger mig ändå en bitter smak i munnen.

Extra bittert blev det faktiskt kring jul. Även om jag har turen att fortfarande omge mig med de bästa utav människor så var det inte utan att mina tankar gick tillbaka i tiden några år. Då firades julen med min stora släkt. Vi var upp till trettio personer och tillsammans sjöng vi julsånger och umgicks sådär som man ska göra under juletider. Den släkten har nu krympt ned till en enda person.

Det kan göra den bästa ganska bitter. För mitt brott var ju som ni vet att försöka säga sanningen. Det kunde inte accepteras och därmed blev man social paria. Det är inte något som brukar bekymra mig speciellt mycket men dessa tankar slog ned som en slägga under juletiderna. Och denna bitterhet ledde givetvis till tankar på andra i min situation.

Så många som fått sina familjeband avklippta och sina vänskaper avslutade. Vänner som plötsligt inte finns på ens vänlista på Facebook längre. Vänner som under flera år stått vid ens sida men som plötsligt inte ens vill kännas vid en. Även om det är något man får lära sig att leva med så är det i allt ett sådant oerhört svek. En oerhört kränkning. Något man inte får acceptera eller förlåta, men lära sig att leva med. Och som sagt – det går utmärkt att leva med. Det finns bättre människor därute som man kan lita på. Men ibland så slår det en. Och då kan det slå hårt. Det är därifrån bitterheten kommer. Faktiskt inte främst kring min egen situation – jag är lyckligt lottad i sammanhanget. Men alla dessa nyvakna svampar har garanterat varit sådana som klickat på "unfriend" när någon uttryckt sig vad de kallar rasistiskt. Nu är de själva rasister. Har de modet att titta in i sig själva och be de som de sårat om ursäkt? Jag tror tyvärr inte det sker speciellt ofta.

Men! Det är dags att lämna det gamla, inklusive bitterheten, bakom sig i år 2019. 2020 kommer bjuda på fler framgångar, fler vänner, fler evenemang i Svensk-arnas Hus och ännu fler svampar som vaknar upp och inser vad som är på väg att hända. Med fel inställning riskerar man att bli en riktig bittermandel och en sådan person har ingen speciellt mycket nytta av. Därför ska jag göra mitt bästa för att skaka av mig de negativa känslorna och istället försöka acceptera att saker och ting är så som de är och det har en tendens att vara bäst så. Att före detta vänner och släktingar plötsligt skulle höra av sig till mig (eller dig) och på sina knän be om förlåtelse är knappast något att gå att vänta på, även om det sker lite då och då.

Vi får nöja oss med att vi kan se oss själva i spegeln. Att vi kan säga till de som kommer efter oss att vi gjorde vårt bästa för att förhindra det hemska som sker. Det är, trots allt, något som ganska få kan säga i ärlighetens namn. Är du en som känner så – grattis. Om du inte känner så så oroa dig inte. Det finns gott om tid kvar för dig att göra bot och bättring. För även om 2019 har varit ett mycket framgångsrikt år så är kampen långt ifrån över än. 2020 kommer bjuda på mycket vackra saker, men tyvärr även ett Sverige mer förfallet än vad det är idag med alla hemskheter det innebär. Under sådana omständigheter kan man inte kosta på sig att vara bitter.

EVA-MARIE OLSSON
26 december 2019

Vi pangade förr också – men på ett annorlunda sätt

Det blir blandad kompott när Eva-Marie Olsson hälsar ett gott nytt år åt alla läsare. Men naturligtvis finns det en anekdot från Malmö med.

Julmånaden är snart till ända, och nu laddar vi om för ett glittrande sprakande nyårsfirande. Hade ni en bra jul, och finns tankarna på att efter nyår ta tag i de där extra kilona som trist nog sätter sig då intaget varit större än energiförbrukningen – vilket gärna händer vid just juletid? Ett bra sätt att bränna överskottsfett är att skotta snö, men tyvärr låter det sig ännu inte göras i södra Sverige. Ta istället en ridtur ifall du har häst, cykelfärd ifall du har cykel eller varför inte en helt vanlig långpromenad som ett alternativ där du om tillfälle ges kan stanna upp och prata med folk och fä som är ute i samma ärende som du är.

Det är stor skillnad på stad och land i hänseende med att stanna till och prata med folk man inte känner, det som anses som tokigt, suspekt och onormalt i stan, är på landsbygden kutym och uppvisande av hyfs och normalt beteende. På landet säger vi hej till den vi möter, byter några ord och går sedan vidare. Vi vinkar till varandra genom bilfönstren när vi samsas på de smala grusvägarna. Och där på landet går man på grusiga och emellanåt riktigt leriga vägar medan tankarna flyger än hit och än dit.

Mina tankar flög idag till en anekdot från en kollega, en sann kär liten berättelse som då och då berättades för oss andra på arbetsplatsen i Malmö på 1980-talet. Ponera att du föddes i en liten by på Österlen på 1940-talet och en lyckosam dag fick följa med mor till stora staden Kristianstad. Det var, kära vänner, en helt annan tid, det var på den tiden då svenska folket var homogent.

Svensken var strävsam och sparsam, var man och kvinna satte heder i att vara hel och ren fast helt andra förutsättningar rådde då än nu. Barnen lärde sig att hälsa fint, bocka och niga samt svara artigt åt äldre, när man blev tilltalad. Så kom då dagen när stora staden skulle besökas, den lilla flickan fick följa med och höll sin mor i handen, promenaden på Kristianstads gator gick väl si sådär, det tog tid.

Den lilla flickan (min kollega) neg, neg och neg åt varje person som hon och hennes mor mötte på sin promenad. "Nej, Gunilla det går inte, du kan inte niga åta alla vi träffar på i Kristianstad", sa modern till sist åt henne. Åren gick, tösabiten där borta på Österlens växte upp, studerade och utbildade sig och fick anställning långt hemma ifrån. Flyttlasset gick till Malmö. En dag ringde mor från hemma i byn, hon hade något viktigt att berätta (tar det på dialekt) "Gunilla Gunilla du kan ente ana va mor har sidd ida!!" Gunilla: "Vad har mor sidd ida?" Mor: "Jau har sidd en najgor"

Denna lilla berättelse har vi arbetskamrater många gånger haft roligt åt, men samtidigt skildrar det ett land i förändring. Det som var ytterst ovanligt då, är väldigt vanligt förkommande idag, speciellt på SVT och myndighetsannonser/information. Såklart ser vi skillnad ute på stan, gatubilden är en annan men framför allt förstår vi vad etablissemanget vill att vi än mer ska se. Siktet är inställt på folkutbyte – av oss. Om vi låter det ske.

Det ena ger det andra och har ni tänkt på att raketer används helt annorlunda nu. Under decennier har vi firat in det nya året på tolvslaget med dunder och brak. Fyrverkerier av olika slag kunde vi (för det mesta) fyra av enligt instruktion, men icke längre sa Nicke.

Pyrotekniska mojänger används allt mer nuförtiden frekvent av en del främlingar som vapen mot blåljuspersonal, en eller annan modig journalist och även mot vanligt folk på gatan. I stort sett görs ingenting för att stävja ofoget och den kriminella handlingen utan ännu mer typ, "Vilka omständigheter har de vuxit upp under, vad är det för trauman de bär med sig?". Det daltas. Vi är inne i anarkotyranniets tidevarv, vilket betyder att politiska myndigheter hellre väljer att jaga efter svenska tanter som på sociala medier skriver negativt om den förda invandringspolitiken än att ge sig på utlänningarna som lever rövare på "orten".

Hur som. Hemma i stugorna diskuteras det om vi ska ha smällare och raketer i år, eller blir det bra utan och istället titta på när andra skjuter av. Jag minns att när barnen var sådär halvstora så sköt man mer, det skulle på nyårsafton skjutas på eftermiddagen; och det skulle skjutas efter nyårssupén; och det skulle såklart pangas på på 12-slaget.

Strax innan tolv på natten gick vi alla ut på gatan i vårt kvarter (Malmö), grannar höjde glasen mot grannar och önskade varandra ett "gott nytt år". Vi smällde rätt så snabbt av det vi hade och sen stod vi förundrade och tittade på när vietnameserna från villan på hörntomten matade den hemmasnickrade rampen med fyrverkeripjäser.

117

En ramp som bestod av en stege som natten till ära monterats över korsningen i villakvarteret. Med van hand och under full koncentration sköts en arsenal av pjäser upp i skyn av asiaterna. Efteråt hurrade och applåderade vi grannar och var och en gick hem till sitt, medan fyrverkerimästarna städade upp i vägkorsningen.

Morgonen (förmiddagen) efter letade barnen raketpinnar medan vi vuxna gjorde vad vi kunde för att sopa undan spår efter nattens fyrverkeriorgie på vår gata, var och en tog sitt skräp. Det var en rolig och trevlig tid. Såklart trivs vi bäst när allt går civiliserat till, även fast det smäller som sjutton.

Gott nytt år!

JOHAN SVENSSON
31 december 2019

"Skulle inte du skriva ett nyårskåseri?"

I en hotellbar någonstans i det jämtländska fjällen summerar Johan Svensson året som har gått. Det är goda nyheter, och det är dåliga nyheter. 2019 har varit ett omvälvande år med flera motgångar men även en hel del vind i seglen för vår rörelse. Men, sammanfattningsvis går det iallafall åt rätt håll.

"Skulle inte du skriva ett nyårskåseri eller har jag bara drömt det?"

Frändelövarens meddelande tog mig så att säga lite på sängen. Jag befinner mig på resande fot och firar nyår i de jämtländska fjällen. Men några få rader bestämde jag mig för att knåpa ihop i hotellbaren. Klart att man vill förverkliga en dröm för killen, hur trivial den än må vara.

Nyårskrönikor ska se tillbaka på det gångna året och sedan blicka fram mot det kommande och så ska man väl komma med några profetior som alla förhoppnings-vis har glömt om ett år, för det kommer ju att vara åt helskotta gissat som vanligt. Jag vet inte hur pass väl lämpad jag är för denna uppgift, kära läsare, jag är ju blott en simpel gycklare. Men nåväl, jag ger det ett försök.

Jag vet inte riktigt hur man ska sammanfatta 2019. Om man tittar på den na-tionella oppositionen så får det väl sammanfattas med någon form av politisk de-pression. Vi hade höga förhoppningar på det senaste valet. Många av oss, inklusive undertecknad, hoppades på Alternativ för Sverige och såg det som en möjlighet att de skulle kunna komma in i Riksdagen. AFS magplask grusade de förhoppningarna grundligt. Riksdagen ligger långt bort för Kasselstrand & c.o även om vi alltjämt instämmer helhjärtat i deras politik. Det hopp vi hade på att Sverigedemokraterna i någon mån skulle kunna rädda dagen känns väldigt långt borta också. Visst, de gjorde ett bra val men hålls fortfarande ute från inflytande av de andra partierna och trots resultatet var ju förväntningarna än högre. Nu har det börjat tina upp mellan

SD, Moderaterna och Kristdemokraterna men vad kan SD åstadkomma? De slopar sina konservativa principer. Återvandring pratar de högst motvilligt om, mer eller mindre tvingade av AFS. Hurra för Pride och öppen svenskhet. Är det detta vi ska sätta vårt hopp till, Svärjevännör?

Nä, vi är nog lite deprimerade till mans. Konstigt vore det annars. De enda som verkar riktigt glada är Centern och Folkpartiet, förlåt Liberalerna. Det svenska folket drömde om en regering men fick en JÖK. Tjoho. Sossarna är missnöjda. Likväl vänsterpartisterna. Miljöpartiklarna hoppar inte jämfota av glädje heller, trots att Kalle från Kalles kaviar har blivit ny partiledare, förlåt språkrör.

Ledsnast av alla är nog alla überboomers som på fullaste allvar trodde att "Jimmy är vår nästa stadsminister !!" och fick en verklighetscheck av rang. Den ledsenheten kan jag leva med. Men kan vi nu äntligen enas om att demokrati är en jädra dum idé? Demokrati är så dumt att det är bra att vara politiskt deprimerad över dess inflytande.

Jaha, så nu när jag har tryckt ner er rejält i skoskaften och hälften slutat läsa kanske det är dags att lyfta fram något positivt också? För det finns ju positiva saker också. En av årets skojigaste händelser är Löfvens magplask i Agendas intervju. Vi snackar inte hans vanliga mumlande, sluddrande och grodor här, utan ett rejält here goes nothing magplask från 10-metaren i hopptornet. Helt plötsligt insåg svenska folket att men herregud karln är ju efterbliven.

Det Fria Sverige tuffar och går och ger oss en plats att mötas, nätverka och ha trevligt. På sikt kommer vi att ha fler Svenskarnas Hus och alla kritiker och tvivlare har fått äta upp sina ord. Nej, ingen på Svegot/DFS har bett mig att skriva det, jag kan vara skadeglad alldeles själv tack.

Asatrú Folk Assembly växer så sakteliga och vi blotar i godan ro. Vad betyder Löfven och hans sorgliga ministär sett i ett evigt perspektiv? Vad är deras patetiska förräderi mot kraften i våra länder? De är blott Lööf i vinden (förlåt Annie).

Svensk public service har till sist blivit skattefinansierad eftersom ingen vill betala för den vänsterextrema dyngan men vad gör det när det finns så mycket nationell och sund media att lyssna på och läsa att SR är helt överflödiga?

Svegots alla program och artiklar, mina utmärkta och välskrivna kåserier, Vita Pillret, Altnorden.se, Folkpodden, Hem och härd, Radio bubb.la och bubb.las nyhetsgenerator, Allmogen och så vidare, och så vidare. Det finns mer att läsa och lyssna på än vad som går att nämna på ett så här begränsat utrymme. Det är bara att tända pipan, sjunka ner i länstolen och le med en varm känsla i kroppen medan medströmsmedia dör sotdöden. Dagens Nyheter? Läses den blaskan av annat är oinformerade boomers?

Folkutbytet fortsätter med full kraft och gränserna är fortsatt vidöppna. Håll i brallorna för nu kommer alla anhöriginvandrare. Grattis svenska folk – greppa era paraplyer ty kompetensregnet fortsätter! Det som är glädjande är att kommunernas ekonomi nu sviktar så till måtto att till och med medströmsmedia rapporterar om det. Vafalls, har Svensson blivit accelerationist? Nej absolut inte. Att detta skulle ske visste vi alla hela tiden och att det nu är allmän kunskap att det går åt fanders om vi fortsätter som vi gör med herrejössesmycket invandring – ja det är ett vitt piller.

Visst, lögnmedia försöker spinna det åt att den ekonomiska krisen i kommunerna beror på vår åldrande befolkning och sådant trams men till och med kommunpolitikerna är nu så desperata att de börjar tala klarspråk: det beror på migrationen. Lägg nyårschampagnen på kylning och läs och lyssna på vänstern. De kallsvettas och försöker febrilt hitta på trovärdiga undanflykter och förklaringar baserade på alternativa fakta. Det går inget vidare för dem, eller hur?

Så visst, det ser inte jättebra ut. Men det finns definitivt ljuspunkter bland alla mörka moln. Inte minst är ni, alla ni kära människor som läser detta, en silverkant på molnen. Det finns människor som inte ställer upp på det officiella narrativet. Som vill vårt land väl. Som respekterar våra förfäders hårda arbete. Som vägrar att bli utbytta. Som står upp för traditionella värderingar. Som vill säkra existensen för vårt folk och en framtid för våra vita barn. Det är det största och mest potenta vita pillret av dem alla.

Gott nytt år, kära vänner.

För ett gott 2020. Ingen reträtt, ingen uppgivenhet, ingen andlig kapitulation!

MAGNUS SÖDERMAN
31 december 2019

Med Svegot kan du hälsa 20-talet med tillförsikt

Om några timmar är det slut på året och på årtiondet. Dags alltså att knyta ihop säcken och tacka för oss. Snart nog är vi såklart igång igen, med förnyad kraft och entusiasm. Det är ju trots allt 20-talet som inleds. Det bådar gott.

Det fria Sveriges ordförande skriver idag en liten årssammanfattning på föreningens hemsida. Han konstaterar att det varit ett bra år för vår förening. Därtill har han räknat på vad Svegot haft för sig under 2019. Faktiskt är det lite överväldigande när alla timmars arbete kokas ned till enkla och tydliga siffror. Svegot har under året som gått publicerat:

- 432 poddavsnitt
  och
- 1 077 artiklar

Det är inte dåligt. Dessa artiklar har också lett fram till fem böcker (sex om vi räknar den som går på tryck i början av januari) vilka samlar våra bästa texter från varje månad och som utgör ett ständigt växande tidsdokument över vår samtid. Inte dåligt, som sagt. Allt detta är möjligt tack vare alla ni som prenumererar på Svegot – varför ni ska ha ett särskilt tack.

Svegot har nu funnit sig själv vågar jag hävda. Vi tappade en del fokus och stökade till det lite eftersom vi initialt lanserades som en nyhetssida med de ambitioner som kommer av det. Snart nog stod det dock klart att det inte var vårt uppdrag, framförallt eftersom det finns flera nyhetssidor som gör ett utomordentligt bra arbete på den fronten. Nej, Svegot hade ett annat uppdrag, det var tydligt.

Vårt uppdrag är att driva opinion för svensk nationalism och vara en levande del av samhällsdebatten med fokus på Sverige och svenskarna. Detta görs inte bäst genom att publicera nyheter. Det sker snarare genom analysen och kommentaren, då det aktuella sätts i perspektiv – vårt svenska nationella perspektiv. Utöver detta är det också vår roll att försöka levandegöra vår kultur, folkbilda och vara en plats för debatt och diskussion. Hittills görs detta genom våra texter på hemsidan, vår dagliga internetradio samt våra fördjupande poddar.

Inför det nya året är det kutym att redovisa eventuella förändringar och nya satsningar. Några sådana har jag dock inte att leverera. Mitt arbete som redaktör för Svegot kommer fokusera på att göra det vi gör ännu lite bättre samt att fortsätta det pågående arbetet med att nå ut till ännu flera svenskar. Här behövs din hjälp, kära läsare/lyssnare. Dela med dig av Svegot i dina sociala sammanhang så ofta du har möjlighet.

Jag vet att Svegot har mycket att ge också framledes. Kanske är vi viktigare nu än någonsin. Stora krafter är i rörelse, inte bara i Sverige utan i hela världen. Våra motståndare börjar få panik då de insett att nationalismen är påväg tillbaka på bred front. Globalisterna har känt sig säkra och underskattat oss alla. Det kommer surt efter. Fortsatt äger de resurserna, så är det. Men ser vi till hur våra positioner flyttats fram under senare tid så bör det inte finnas någon tvekan hos någon: vi kan nå de mål vi sätter upp.

Våra motståndare kommer slå tillbaka. I detta nu förbereder de sina motattacker. De samlar sig, drar upp sin taktik och planerar sina drag. Falska nyheter, lögner och över- eller underdrifter är deras modus operandi och det kommer att bli mer – mycket mer – av den varan under nästkommande år. Det är här vi kommer in. Svegots redaktion och våra frilansande skribenter har tillsammans en gedigen erfarenhet av nappatag med regimmedia och statlig repression. Vi ser igenom deras rökridåer och hittills har i princip alla våra förutsägelser om framtiden (vår nutid) slagit in. Vi fortsätter att gå mot en framtid då frågan: "vem kan jag lita på" behöver ställas allt oftare. Mitt svar är att du kan lita på oss.

Vi är, till skillnad från sådana som Expo och gammelmedia, ärliga med att vi är nationalister, att vi värnar Sverige och svenskarna. Nej, vi är inte "objektiva". Men vi är däremot sanningsenliga. Vi ägnar oss inte åt falska nyheter och vi döljer inte obekväma sanningar. Därtill är vi ödmjuka och fullt medvetna om att vi kan ha fel och att vi kan bli lurade. Om så sker tar vi ansvar för det. Hos vilka andra publicister har du läst en liknande verksamhetsbeskrivning?

Med Svegot kan du gå in i 2020 med vetskapen om att du har en pålitlig följeslagare vid din sida. Vi kommer informera, problematisera, utmana och rapportera. Allt för att göra samtiden begriplig och uthärdlig; samt för att göra läsaren bättre rustad att själv kunna vara en del av förändringen.

Med det önskar jag och hela min redaktion er alla ett riktigt gott nytt år.

Om Svegot

Svegot är en tankesmedja som ägs och drivs den ideella föreningen SVEGOT-DFS. Syftet med Svegot är att bredda det svenska medielandskapet och samtidigt lyfta frågor som är viktiga för föreningen, och arbeta för att driva opinionen i en riktning som mer påminner om föreningens idéer.

- Vår ledarsidas politiska hållning är frihetligt nationalistisk.
- Förutom att publicera nyheter, artiklar, kommentarer, analyser och krönikor i textformat publicerar vi även podcasts, sänder direktsänd nätradio och publicerar filmklipp.
- Allt överskott från Svegots arbete går direkt in i den ideella föreningen för att stärka upp dess arbete och hjälpa föreningen att snabbare nå sina mål.
- Åsikter som publiceras på Svegot behöver inte nödvändigtvis stämma överens med föreningens officiella ställningstaganden, eller alla våra medlemmars åsikter. För officiella uttalanden från föreningen, besök föreningens hemsida.

Stöd vårt arbete – bli prenumerant

Mycket av materialet på svegot.se kan du ta del av kostnadsfritt. Men för att driva verksamheten krävs ekonomi och denna får vi genom prenumerationer. Om du köpt denna bok separat så kan du teckna en prenumeration som dels ger dig tillgång till allt plusmaterial på Svegot, samt att du får framtida utgåvor av vår månadsbok direkt hem i brevlådan. Gå in på svegot.se och teckna din prenumeration redan idag.

svegot.se

Om Det fria Sverige

- Det fria Sverige är en intresseförening för svenskarna, den svenska kulturen och den svenska särarten. Föreningen vilar på traditionell grund och är frihetligt nationell. Föreningen styrs genom sina aktiva medlemmar på demokratiskt vis.

- Det fria Sverige är en ideell och samhällsnyttig förening som står upp för lag och ordning, mot pöbelvälde och ofrihet. Föreningen står upp för individens frihet, under ansvar för den gemenskap som friheten är beroende av.

- Det fria Sverige är en partipolitiskt obunden förening. Förvisso är vi traditionella nationalister, men detta transcenderar realpolitiska ställningstaganden och den klassiska höger-vänster-skalan. Den som delar vår vision och står bakom våra stadgar är välkommen.

- Det fria Sverige icke-konfessionell. Var och en i föreningen har rätt till sin egen tro, eller avsaknad av tro. Det vi kräver av varje medlem är dock att de respekterar varandra och de olika trosföreställningar som våra förfäder tagit till sig genom historien.

- Det fria Sverige bygger på principen om organisering underifrån och det är medlemmarnas egna ansvar att förverkliga visionen vi delar med varandra, inom det ramverk som föreningen beslutat om.

- Det fria Sverige driver opinion för svenskarna; bevakar den politiska och samhälleliga utvecklingen ur ett traditionellt nationellt perspektiv och arbetar såväl metapolitiskt, socialt som realpolitiskt. Detta arbete sker kontinuerligt.

- Det fria Sverige har framtiden för ögonen och arbetar idag för att lägga grunden som framtida generationer kan bygga vidare på. Vi har ett generationsperspektiv på vår verksamhet.

detfriasverige.se

www.ingramcontent.com/pod-product-compliance
Lightning Source LLC
Chambersburg PA
CBHW081200020426
42333CB00020B/2568

* 9 7 8 9 1 9 8 4 4 1 0 0 0 *